我的不安

龍應台◎著

新人間 901

ISBN 957-13-2389-6

目錄

陸壽鈞

南部來的女孩

……寒風細雨中，想到這一代知識青年的使命，一股孤獨之感湧上心頭，久久不去。台南的夥伴們都好嗎？我們一個個走上自己選擇的路，希望最後大家都能碰頭，爲真理而再度結合在一起。

——成大西格瑪社通訊，一九七四。

我們是誰？

九○年代的台灣人，在掙脫殖民和半殖民的種種束縛之後，開始認真地思索「我們是誰」這個根本問題。可是歷史有那麼多重的迷霧，政治有那麼多層的陷阱，誰也把握不住所謂真相。幸好一個族羣有他共同的記憶；共同的記憶像一泓湖水，撥開水面上的落葉，就可以看見自己的臉孔。

兩年前，台北的菁英們在「人間」副刊上談台灣的七○年代。楊澤說，那是「蓄長髮、穿牛仔褲、綠色美軍外套的年代。那也是年輕人追求自由、開始在外頭租房子同居、年輕人普遍聽美國民歌、搖滾樂的年代。」舒國治這個七○年代的大學生可以在中午打四圈麻將，晚上趕到美國學校去看一場布紐爾的電影，然後逛街逛到凌晨。陳傳興早上一醒來就按下收音機聽美軍電台。蕭蔓到晴光市場買進口的Lee牌牛仔褲，「那時候，誰敢要我穿一條台灣自己做的雜牌牛仔褲，得先殺了我。」她戴著耳機聽美國搖滾樂，一天喝兩大瓶可口可樂。

都是與我年齡相彷的人，可是不對呀，我的七〇年代完全不是這樣的，他們在說什麼呀？

撥開共同記憶的蕪枝雜葉，在漣漪微皺的湖面上，我想，我看見南北不同的記憶版本。

一九六六年八月

一九六六年八月。中國大陸的紅衛兵在街上打砸燒殺，高喊「紅色恐怖萬歲」。十四、五歲的中學生包圍著機關大樓，準備把政府要員拖出來毆打。

一九六六年八月，十四歲的我從多山的苑裡來到濱海的茄萣。不到兩萬人口的茄萣只有一條長長的街，沒有路燈。夏夜，人們捲起褲腳坐在屋前板凳上乘涼；沒有車輛，笑聲和語音清澈地響在街頭。我和兄弟們推著單車上街，騎騎走走。海風襲來，挾著濃重的鹹腥味，空地上晾著乾魚和鯊魚翅。

車輪在昏暗裏撞上了一團軟軟的東西，使我跳下來。是一條肥大的黑毛母豬閒適地

躺在路中心。幾隻豬仔倚在牠懷裏吮著奶，稍大的幾隻在一旁撞來撞去，晃著細細的尾巴。三三兩兩的土黃狗也在散步，時不時低吠幾聲。

害怕再撞上餵奶的豬，我們推著車走，到了海灘。漁船歇在沙灘上，漁網攤開來晾著。月亮自雲後出來，突然照亮了粼粼的海水。我今年十四歲，我明天要參加台南市的插班考試。

在同一個時候，一個年輕的美國人類學者來到離茄萣不遠的漁村鯤鯓，住進了民宅，開始作她長達一年半的田野調查。她記錄了我的生活環境。

居民以捕魚爲業，但大部分家庭也經營各種副業。漁家捕魚所得大約每月六百元新台幣（四十元新台幣等於一美元）。但漁民亦養豬或種植蕃薯，以補貼家用。年輕人多不願繼承父業，而寧可到台南工廠做工。蚵成熟時，大批婦女及兒童被雇用剝蚵殼。剝好一磅重的蚵可得工資五毛錢。動作快的婦人一天可賺十元，對家計補貼極大。

——《鯤鯓》，Norma Diamond，一九六九。

我考上了台南市立中學。鄰居們說，那是台南市最好的初中。「但是，」嘴裏閃著金牙的「闊嘴」的老婆說，「何必讓女孩子讀書？再讀將來也要嫁人，還不如到工廠做工，賺錢好買嫁粧。」闊嘴嬸的女兒在台南紡織廠幹活，每賺一筆錢就打一個黃金手鐲；星期天在家的時候，她將手鐲全部戴上，一圈又一圈的，叮噹作響。闊嘴嬸自己則蹲在地上剝蚵，即使戴著橡皮手套，她的手上仍是血痕累累的。

我開始了通學生涯。天還濛濛未亮，已經背著沉沉的書包立在派出所對面等候台南客運。茄萣是起站，所以往往還有坐位。一車子的中學生，也不知吃了早飯沒有，都在埋頭看書。車裏的燈昏暗不明，車身震動不停，學生個個戴著近視眼鏡。到了白沙崙，學生開始擠著站著，但是連站著的學生也在看書——一手緊抓著頭上的扶手，一手緊掐著書，多半是英文課本，在背生字。

車子經過二層行溪畔的灣裡。溪岸上總有什麼東西在悶燒，一捲一捲的黑煙白煙挾著刺鼻的辛味。不知道是誰在燒，不知道是燒什麼，也不知道是什麼氣味，也沒人問。我們都習慣了。如果搭高雄客運線，我們會經過湖內、太爺、車路墘、仁德。哪一個村子不發出一種奇怪的辛辣的化學臭味？我們從口袋裏掏出手帕，遮住鼻孔，車子一會兒

就駛過去了。

經過郊區，我聞到刺鼻的化學品燃燒的味道。走近海灘，看見工廠的廢料大股大股地流進海裏，把海水染成一種奇異的顏色；灣裡的小商人焚燒電纜，使灣裡生出許多缺少腦子的嬰兒……你又爲什麼不生氣呢？

——《中國人你爲什麼不生氣》，一九八四年十一月。

過了灣裡，視野就開闊起來。天也亮了，我把書本闔起，歡喜地看窗外的水塘風光。水塘一望無際，波光映著天色。不時會瞥見一尾肥魚躍出水面，又「潑刺」一聲摔進水裏。清晨的水面上還飄著一絲薄薄的白霧，有一隻鷺鷥飛起。

水塘主要養殖鰱魚和草魚。草魚不能在塘內繁殖，故必須向香港或菲律賓購買魚苗。一尾魚苗約八毛錢至兩塊錢。魚苗必須養殖一年方可食用。一尾食用草魚售價介於五十至六十元台幣間。

——《鯤鯓》。

客運車顛簸得厲害，因爲那是一條千瘡百孔、坑坑洞洞的公路。尤其是雨後，三步一大坑，五步一小坑，每個坑裏都是黃濁的泥水。戴著斗笠騎著單車的路人無處閃避，就被噴得一頭一臉。泥人倒也不發怒，用袖子抹抹臉，繼續騎車。

到了台南市中，發現台南市最好的初中也沒什麼了不起。苑裡初中的人從來不認爲自己是苗栗縣的老幾，可我這轉學生來到這裏照樣名列前茅，說明苑裡初中才是真正不吹牛的好學校呢，是不是？

黃昏，我帶著插班生的落寞再度搭上台南客運往回家的路上。天色墨黑，在鹽埕那一站，上來一堆嘰嘰喳喳的女工。她們興致高昂地和同伴們呼來喝去，學生卻被書包壓得委頓安靜。我疲倦地把頭靠著窗，腦後有個人嘴裏像唸經一樣地在背中國朝代的順序。高中聯考就要到了。

先到的是颱風。狂風挾著暴雨，好像天上破了個大洞。而這是濱海，還有海嘯和海水倒灌這我不曾聽過的東西。在狂風暴雨中，中國的好青年依舊背著書包上學去；開始

淹水了，才讓我們提早回家。回到茄萣，車門打開，我一跤跌進水裏，原來洪水已淹到胸部，倒灌的海水把村子像泡菜一樣浸漬起來。

我從街上游泳回家，一路上漂著人家的瓢盆桌椅。孩子們拿著臉盆在撈魚蝦；還有比這更快樂的事嗎？幾千畝水塘裏的魚蝦螃蟹都流到街上來了，也流進住家的臥房和澡盆。黑鼻叔撐著竹筏滑過來，筏上有三隻濕淋淋的黑毛母豬，他正準備將牠們堆到屋頂上去。

最好來一場傾盆大雨，足足下它三個小時。如果你撐著傘蹓躂一陣，發覺褲腳雖濕卻不骯髒，交通雖慢卻不堵塞，街道雖滑卻不積水，表示地下排水系統與都市計畫配合得相當密切，這大概是個先進國家。如果一場大雨使你全身濘泥……店家的茶壺頭梳漂到街心來。小孩在十字路口用鍋子撈魚，這大概是個「開發中」國家。

——《人在歐洲》，一九八八年。

颱風過後，所有的椰子樹都死了。葉子垂下來，樹幹浮著一層白白的海鹽。衛生所派出的清潔隊員已經清過陰溝，黑色的污泥翻上來，在陽光下發出陰陰的臭味。淹死了的豬和狗躺在街邊；要開始噴消毒劑了。父親帶著手下幾名警察，挨家挨戶地去檢查清潔。

晚上，做完功課之後，就聽見街上喀啦喀啦的木屐聲；嚼著檳榔的少年郎三五成羣地在街上蹓躂。鄉裏除了一個髒兮兮的戲院之外沒有任何去處。海灘，對漁民而言，只是個工作的場所，而且那兒有嗜血的蚊子。少年郎喀啦喀啦地過來，少年郎喀啦喀啦地過去。十八年之後我到了日本，才恍然大悟那茄萣少年郎腳上穿的竟是正宗的日本木屐。台灣就這樣保留著斑駁的殖民地遺風。

「我們做什麼呢？」我問另一個十五歲的女孩。

「我帶你去四健會。」她說。

我們到了下茄萣阿珠家。肥胖的阿珠正坐在地上結漁網。她把三個女兒都賣到高雄市政府後面的「菜店」去了；賣掉了第三個女兒，她就起了這棟樓房。

三樓廳裏已經坐了一圈人，都是年輕的女孩子。為首的一個稍微年長，正在談毛衣編織和白毛豬黑毛豬的優劣。見到我來了，便向我介紹什麼叫四個「H」，四健：健

心，健手，健……忘記了。她的意思是，美國的四健會可以幫助我成爲一個手腳勤快，身體健壯的婦女來促進農業生產。

要等到十年之後我到了美國，才知道這四健會和美新處一樣是美國大帝國伸向第三世界的小小觸角。

十二歲以上的女孩子就要學習規矩了。坐時兩腿緊併，睡時只能側躺，兩腿合攏。鯤鯓的母親如果發現女兒睡覺時張開大腿，女兒馬上要挨打或挨罵。女孩子說話要輕聲，笑時要用手遮嘴。到了晚上，年輕男女穿上他們最好的衣服，就在街上蹓躂。男孩一羣，女孩一羣，不相混合。羣體和羣體之間也許會勇敢地交談一兩句，但男女單獨約會卻絕不可能。

——《鯤鯓》。

我的母親也開始編織漁網了。她雖然是警察「大人」的妻，雖然講的閩南話有濃厚的外省腔，她卻和駝背嬸、金水嫂一起坐在地上，一邊天南地北地聊天，一邊手腳麻利地結網。當繳學費的日期接近的時候，她清晨四點起床，給孩子們準備好早點和便當盒，就開始打漁網，一直打到夜裏十二點。每天編織近二十個小時，密集地連續編十天，她就可以打完一張完整的大網，工錢是八十塊錢新台幣。

「我手快，一天可以賺八塊錢呢，」她得意地說，接下我的書包，「駝背嬸一天只賺三塊錢。」

她的女兒要上高中了。不知要幾張漁網的錢才能繳清學費。

一九六七年九月

一九六七年九月。台南的鳳凰花在火紅的盛開之後漸漸零落。

……全國各地武鬥愈演愈烈……五月十五日，宜賓進行大規模武鬥，成都萬人支持。重慶也進行大規模武鬥，動用了各種常規武器，用高射炮平射朝天門碼頭……武漢從一九六七年六月四日至六月三十日，死一百零八人，傷二千七百七十四人……

——《大崩潰》，李遜著，一九九六。

在柏林，二十歲不到的西德青年杜恩加入了一個救援東德逃亡者的地下組織，潛入東柏林。他和同夥在一棟房子的地下室裏挖地道。快挖通的時候，公安來了。那是一九六七年九月，杜恩在東柏林的監獄裏坐了一年半的牢。十五年之後，他是德利銀行派駐台北的分行代表。

一九六七年九月，我穿著白衣黑裙，坐在台南女中的禮堂裏，兩手平放膝上，聽女校長諄諄告誡要如何做一個端莊嫻靜、彬彬有禮的「淑女」。

我其實已經是一個「淑女」。我不交男朋友，男孩子表達愛慕的信寄到學校裏會被老師拆開、大聲朗讀、公開羞辱。我最驚心動魄的「愛情」是在十六歲那年接受了一個十七歲的茄萣少年送來的一隻黑貓，貓脖子上有一張小卡片：「讓這隻貓替我陪著你。」到今天我仍認爲那是我所受過的最美麗的禮物。十七歲的少年後來也離開了茄萣，成爲台北大醫院的精神科大夫。

我循規蹈矩，頭髮不敢長過耳垂。一個天生鬈髮的女生被老師譏笑爲「愛漂亮」，她第二天剃了個大光頭來上課。我沒有她的勇敢。我不偷偷抽菸，以之表示叛逆，因爲我嫌菸味難聞。我不懂什麼叫搖滾樂，因爲，嗯，四健會只教了我跳土風舞。我不嚼口香糖、不喝可口可樂、不穿有跟的鞋子緊身的衣服，不認識一個去過美國的人或者一個在美國有朋友的人；我說話不夾帶剛剛學來的英語、不聳肩表示「無所謂」，不揚眉毛表示「不敢苟同」，不聽到音樂而搖擺身體……當然，不怎麼會跳舞。

——《鯤鯓》。

兒童少有玩具，即使有，多半是自己做的。譬如風箏極普遍，但我沒見過買的風箏，都是自己用舊報紙和細竹枝糊成的。我也不曾見女孩子玩娃娃，雖然我們美國孩子玩的娃娃都是台灣製的。以樹枝或細棍打腳是最常見的對孩子的懲罰。打臉或頭則是嚴重的。另一個懲罰方式是恐嚇要把孩子送給別人收養。自從我在村子裏出現之後，鯤鯓的父母罵小孩時會說：「把你送到美國去！」顯然是個非常可怕的懲罰，因爲小孩反應很激烈。

但是，我總會做什麼吧？是的，我和同學談方旗和余光中的現代詩、林懷民的小說、新潮文庫的翻譯書。我們讀羅素、卡夫卡、王尚義。我們編《南女青年》，在上面寫一些半生不熟的、假兮兮的談齊克果和存在主義的文章。下課時，我躺在校園裏的椰子樹下看天空裏白雲的浮動。放學後，我們到延平郡王祠去散步，看看鄭成功手植的那株老梅樹。真正要回家時，我就到中正路上去搭車。總要穿過孔子廟，總要從「全台首學」的橫扁下經過，也總要對廟門內那幾株覆蓋亭亭的大樹看上幾眼。

在中正路的五福特產行門口等車。路的中線有欄杆擋著，不讓行人穿越馬路。我無意識地望著流過的車水馬龍，突然吃了一驚，趕忙將發現告訴身邊的朋友：「你看奇妙不奇妙，從我們眼前過去的車子全部都是一個方向。」我指向右邊。朋友看看車，看看我，半晌，說，「如果我們換到對面去站，所有那邊的車子也是一個方向。」她也伸出右手。

過了好一會兒，她實在忍不住，問道，「你，今天才發現？」

在五福特產行裏我見到平生第一個黑人。他坐在門邊端看一個中國布偶。引我注意的是他頭上的帽子，挺奇怪的帽子，由一圈一圈鬈曲如羊毛的黑絨線織成，緊緊箍著他的頭。我悄悄在他背後用手碰了下那頂帽子，嚇，那竟是黑人的頭髮！

回家的時間越來越晚，聯考的時間越來越近。我除了讀書之外，還是讀書；三民主義和地理歷史讀得我受不了的時候，就讀《卡拉馬助夫兄弟們》和赫塞的《流浪者之歌》。什麼書都讀不下去的時候，就寫日記。一九六八年，當布拉格的年輕人被蘇聯的坦克車驅趕的時候，我趴在床上寫字：「……這種蒼白的生活令我窒息。十七歲的日子不應該是這樣的吧？整個靈魂是空的，輕得教人難以承受……」

當然，我不清楚布拉格在哪裏，沒聽說過《布拉格的春天》，不知道有蘇聯坦克，更沒夢想過昆德拉。我只是披衣而起，從後門走到茄萣海灘，坐在黑暗的沙灘上抱著腿掉眼淚。

一九七〇年夏

台南，明鄭時的首都，在二十世紀初逐漸失去其政治地位，但一直是成長型都市。包括近郊之漁村及農村，共有三十萬人口。沿海一帶因土質過鹹，除蕃薯外無法耕植，故形

成漁塘作業。台南氣候屬亞熱帶，冬季氣溫在華氏五十四至七十七度間，夏季平均溫度爲華氏八十二度。夏季並不酷熱，因有海風、颱風及夏雨所致。

——《鯤鯓》。

一九七〇年的夏天，我以爲我要到台北去了，因爲多數的大學都在台北。聯考一放榜，我竟是成大的學生。聯考志願表上依序填的是台大、師大、政大和成大的外文系，所以成大是第四志願。我的英文考了九十多分，數學卻只有十分，第四志願也算公平吧。我離開了茄萣，在台南賃屋而居。

一九七〇年，保釣運動開始，台獨聯盟在紐約成立總部。一九七一年，中華民國退出聯合國。一九七二年，中華民國與日本斷交，台大哲學系事件、成大讀書會事件發生，一九七三年，越戰使美國越陷越深，已不可收拾。一九七四年，文化大革命已近尾聲，但高層奪權更趨激烈。

我呢，騎著一輛單車，逛到光復校區去看花開正盛的一叢九重葛，揣摩「紅杏枝頭春意鬧」的滋味。逃課時，到榕園的老樹下躺著想心事。晚上趕到全美戲院看場老電影，戲散後沿著民族路的夜市場推著車回家。週末和工學院的男孩子們去虎頭碑、烏山頭、關子嶺郊遊，寒暑假參加救國團組織的各種育樂活動。國民黨滴水不漏地掌握著大學校園；他希望我知道的事情我就知道，他不希望我知道的事情我就什麼都不知道。成大是台南唯一的大學，我也就不可能從其他的校園聽到任何耳語。

在校內參加社團倒是被鼓勵的。我和土木系的賴世聲組織英語會話組，每星期請一些美軍太太來校園裏和學生以英語交談。我們騎車到老遠的大同路底去揿人家的門鈴。次數多了，我也厭了，便藉故不去。有一天，賴世聲就跑到育樂街住處扳著臉孔教訓我：「你的責任感呢？這一點都承受不了，將來能爲國家做什麼大事？」

他稚氣卻認真的臉孔至今在我腦海中。那是台灣的七〇年代；我們都是十八歲，我們都讀蔣夢麟的《西潮》、羅家倫的《新人生觀》、蔣廷黻的《青年的力量》、胡適之的《丁在君這個人》。

……青年們，你們的苦悶，豈不是因爲你們感覺自己的力量不夠？你們的企圖很多，你們要爲自己找光明的前途，同時你們要爲民族國家打開一條向上的路……我勸你們先從

培養自己的力量下手。

——蔣廷黻《青年的力量》。

我們不知道除了蔣夢麟等人之外還有我們讀不到的陳獨秀、瞿秋白、李大釗，甚至魯迅和沈從文，但是我們那麼深信不疑：今天在大學裏所有的知識累積和人格鍛鍊都是一種準備，讓我們有一天能頂天立地地爲民族付出，爲國家奉獻。

立在二十世紀末回顧七〇年代的校園，才發現我們那一代如何深受五四青年的直接影響，而七〇年代的理想主義又如何直接塑造了九〇年代的台灣社會。這一個世紀的足跡竟然如此清晰地一脈相傳。

我勉爲其難地又跨上單車，一步一步踩到大同路底。

台南美新處招考十名英語特優的大學生，由處長親自指導讀書討論會。賴和我都考上了。上課第一天，世聲竟然以質問的口吻問處長：「你開這個討論會有什麼意圖？」

美國人愣住了，我更是驚詫。台南美新處在半年前，一九七〇年一月，被炸，謝聰敏、魏廷朝、李敖以涉嫌罪名被捕，我一無所知。美新處這個機構在國際政治上的意義，台灣與美國的關係，帝國主義與依賴理論，我毫無概念，當然無從理解賴對處長的敵意和疑慮。他畢竟是中華民國參謀總長的兒子，他畢竟是台北人。

留學生為什麼一出國就「變」？因為在一個言論受到操縱控制的社會裏，選民的知識就像飼料管中灌輸下來的豬食，是強餵的，而且只有那麼一種。

——《野火集》，一九八五。

二十年後，麻省理工學院的土木博士賴世聲成為台北市捷運局長。媒體說他是受益於父蔭才得到高職，我知道他不是；他從十八歲就開始為國家鍛鍊自己。捷運沉疴難起，賴世聲黯然下台。媒體說他涉嫌貪瀆，在瑞士有巨款。打死我也不相信。孔子說，觀人要觀他的眸子，我想，看人要看他的少年時。我們騎車經過大學路、勝利路，駛過合歡和鳳凰木的影子，心裏的念頭像迎面的清風一樣乾淨。主持私人書院的王鎮華如此，編輯《天下雜誌》的殷允芃如此，研究賴和的林瑞明亦如是。成功大學的孤立，使它保守內向，但也由於它的孤立，它的素樸本質就不受流行時尚的影響，有點「相忘於江

湖」的純粹。

自己和台北人有所不同，我還是慢慢發覺的。

大一那年第一次上台北。哥哥的同學一個叫錢寶的說是要讓我認識台北文化，把我帶到一個黑漆漆的咖啡館裏，裏頭全是見不到人的高椅背。我昏天黑地地摸索進去，只覺得不停地踩到錯縱的人腿，差點絆倒。我怎麼表現不記得了，只記得出了咖啡館又站在陽光下時，即將全家移民美國的錢寶用一種既是同情又是惋惜的眼光看著我，說，「唉，你們台南的女孩子怎麼那麼——」

他沒把話說完，但我模糊地意識到台北的女孩子大概是不一樣的；至少不會在黑咖啡館裏絆人家的腿。

暑期到台北參加一個什麼研習會，和一個台北人同寢室。早上起床後，我在十五分鐘之內漱洗完畢，她卻在鏡前足足坐上一個小時。保養品化粧品的瓶瓶罐罐擺滿小桌，她一道一道手續進行護膚，一會兒是水，一會兒是霜，一會兒是膏。然後要捲睫毛、畫眼線、塗眼膏……我看傻了。台南一定也有注重修飾的女孩子，台北一定也有漱洗只要十五分鐘的女孩子，但那是我第一次看見這樣的人，而且是個台北人。當她將一張畫好的臉孔轉向我時，我幾乎以爲我們是兩個國家的人。

在晚上的舞會裏，我的室友穿著緊身的套頭衫、窄小的迷你裙，配上高筒的靴子；舞動時中分的直髮飛揚起來，哎，真是漂亮極了。我坐在角落裏，心想，在她的眼中，我該是怎麼落後的南部人啊。

我當然也穿牛仔褲的，但與名牌無關。我們三兩個好朋友總是騎車到民族路與西門路的交口圓環去找「老闆娘」爲我們裁衣服。老闆娘是個瘦小的寡婦，帶著一個五歲大小的孩子，住在一間陰暗狹窄的房間裏。房間的一半是抬高的木板，被褥和衣物整齊地疊在角落，另一半則是水泥地面，擺著縫衣機和布料。我們帶來自己的布料，翻看老闆娘的幾本日本時裝雜誌，告訴她我們要的樣式。

不管什麼時候去，老闆娘一定在，低頭縫著裙邊或釘上釦子。一點點陽光從門口射進來，照著她看起來發育不全的柔弱的身體。五歲的孩子倚在她腳邊玩一個她縫製的破布球。牆上一幀男人的照片，顏色已黃。

我穿著老闆娘手縫的洋裝，去和礦冶系的男朋友約會。約會做什麼？也不過牽著手到東寧路安靜的巷子裏來回地散步，散步到夜深。黑暗的巷子裏如果有梔子花的香氣飄

來，就使人覺得夠幸福了。

分手之後，我有了一個台大物理系的朋友，一個不曾離開過台北、不曾看過活豬走路的台北人。他來台南看我，覺得台南有一種令人著迷的「特殊的氣質」，和我一樣。我們一天一信地熱烈之後，輪到我去台北看他。一到台北，奇怪，什麼都走樣了。爲什麼我不留中分的長長的直髮？爲什麼我不穿緊身的套頭衫？爲什麼我不懂 Bob Dylan？南北文化震撼使我們的戀愛只維持了三個月。

我沒熟悉過搖滾樂，倒是老往勝利路上的「樂友」小店跑。成大古典音樂社的成員自己經營一個唱片行，專賣西洋古典音樂，也在大榕樹下辦過幾次古典音樂欣賞。靜極思動的時候，我就和登山社去爬山：大武山、南湖大山、秀姑巒、大霸尖、玉山。山的感覺太好，它和流行時髦扯不上任何關係，只是一派混沌自然。我愛山的實在和單純。

實在和單純，不見得都好。我的單純使我對國家霸權毫無懷疑。一九七二年，成大學生由於組織了讀書會研究馬克斯著作而被逮捕，許多學生被判二十年以上的徒刑。我們什麼都不知道，繼續單純地讀書，單純地戀愛，單純地以爲有朝一日我們有爲青年要報效國家，而國家只有一個定義，就是國民黨。我們的單純其實是掌權者經營製造的無知。

走在世紀末的軌跡上，我已經失去爲理想搖旗吶喊，爲主義流血流淚的能力；我恐懼梟雄因此也戒慎英雄。對人的社會，我只剩下一個最低的要求：平庸的政治經理沒什麼不好，只要他遵守並且維護自由的遊戲規則。

——《看世紀末向你走來》，一九九四。

一九九一年，成大校長室打來越洋電話告訴我，我被票選爲當年成大傑出校友，邀請我回台南領獎。

放下電話，我恍惚起來。台南，那是我少年啟蒙的地方，那是我初戀的地方，那是我人格定型使我之所以爲我的地方，久違了。可是，我有一筆未了的債；我當年的無知對那些飽受迫害的人而言是多麼不可原諒的罪責。《新新聞》不久前才報導，還有一個礦治系的許武華從一九七二年被囚禁到現在。我拿起電話，請求《新新聞》的朋友再次查清許武華是否仍在獄中，同時給成大校長去信：只要仍有一個學生在獄，我就無法接受這

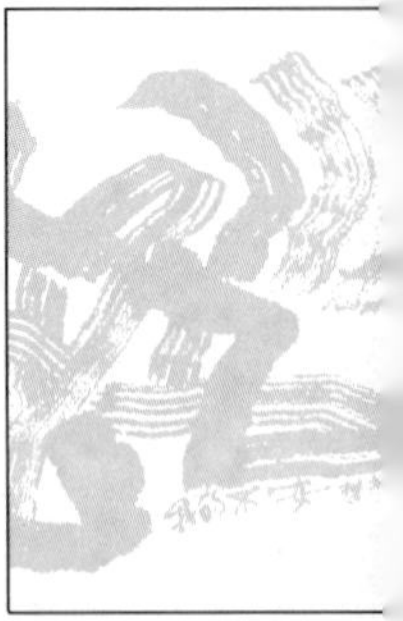

份榮譽。

回音來了，最後一名讀書會受刑人亦已自由，台灣的政治犯已成歷史。

我回到台南，向林瑞明借了輛單車，迎著風去找那叢「紅杏枝頭春意鬧」的九重葛。九重葛沒有了。「深知身在情長在，悵望江頭江水聲」；唉，六朝金粉都可以煙消雲散，何況一株九重葛！即使九重葛仍在，我又何從追索那逝去的年華？我回頭往榕園駛去，至少那幾株老樹還在，還在。

共同記憶的拼圖

台北人和世界各國的都會人一樣患有自戀症和自大狂。用台北人的眼光來畫一幅台灣地圖，恐怕有百分之九十的範圍都是台北市，剩下的快掉進海裏的一點點尾巴就統統稱為「南部」，好像新竹和嘉義是一回事，好像台東和台南是同一塊。

在文化上，台北人的聲音最大，地盤最廣，發言權最多。說是讓我們一起來玩湊「共同記憶」這個拼圖吧，怎麼台北那一塊越拼越大，布袋、雲林、台東、屏東，都快不見了。再這麼拼下去，二十一世紀的人會以爲台北就是台灣呢。

可是，誰都知道，巴黎不是法國，紐約不是美國，北京上海不等於中國，台北自然不能代表台灣。要講代表性的話，一個坐在矮凳上剝蚵殼的茄萣婦人可能比任何一個台北人都來得貼近現實些。她的世界觀和自我認識，她的記憶內容與角度，和台北人也許有極重要的不可忽視的差別。

這麼對台北人嗤之以鼻，總算讓我對當年嫌我不懂 Bob Dylan 的台北人男朋友出了一口氣。

去年在瑞典認識了專門研究台北的台北人舒國治。他向我發表幾天相處下來對我的觀感：「你怎麼那麼——那麼——」他抓抓頭，顯然在尋找一個不太傷人的字眼，「怎麼那麼——天真。」

我不懂他的意思，只好不動聲色。但是當我把「烏來」說成「烏山頭」時，楊澤毫不掩飾地哈哈大笑：「你這個南部來的！」他在嘉義長大，知道烏山頭在哪裏。

我突然就明白了：「天真」這兩個字，大概就是二十五年前錢寶在黑咖啡館外想說未說的兩個字。是素樸，是孤獨，是不合流俗，也有點愚笨和遲鈍。我只是沒有想到，

在浪跡天涯二十年之後，我竟然仍是一個「南部來的女孩」。鹹鹹的海風所給予我的，留在我頭髮裏。

……現代化尚未引進……國民義務教育逐漸普遍，越來越多的家庭讓孩子上中學。漁業在衰退中，因爲污染問題嚴重。村民在討論海灘是否可改成海水浴場吸引游客。漸漸地，鯤鯓漁村要進入現代了……

——《鯤鯓》。

寫於一九九六年八月二十五日

一株湖北的竹子

春至後離開歐洲，從越洋電話中卻可以繼續得知春天的發展。「花苞尖尖像陀螺的那個叫什麼花？」六歲的飛飛聲音清脆，像冰過的梨。「叫木蘭。」「對，木蘭開花了。很大朵、粉紅的。」

那是暮春三月。接著是滿樹雪白的梨花，風吹起來的時候，細細的花瓣飄下來，把池塘的水蓋住了。然後是粉白中帶點緋紅的蘋果花，「人行道都變粉紅色了，」電話那頭說：「可是你回來的時候，媽媽，大概花都開完了。」

不會的，我說，五月初回去，野地裏的蒲公英還在，而且雛菊馬上要冒出來；藍色的勿忘我也一定還開在牆角。紫丁香不也是五月的花嗎？還有六月的玫瑰和茉莉……。

五月初如約地回到歐洲的家。飛飛和哥哥正在院子裏挖蚯蚓。丟下鏟子，奔跑過

來，滿手黑泥，爭相擁抱，嘴裏卻繼續報告季節的消息：「快點來看，媽媽，竹子開花了，好漂亮！」

竹子開花了？

放下行囊，我們走向花園西角的竹叢。啊，真的開滿了花穗，鼓脹地包在紅褐色的苞片裏。早晨淡淡的陽光灑在竹叢，升起一點薄霧的感覺。我摸摸那仍舊滑綠的竹桿，發現地上已經落了一園枯乾捲起的竹葉。

孩子們不可置信地聽我的解釋：怎麼會怎麼會呢？蘋果花梨花年年落、年年開，花開結果，果子又變花，這竹子怎麼會開了花就死？

我也不明白。竹子不是每九十年或一百二十年才開花死亡嗎？這叢與玫瑰花比鄰的竹子才來我們家三年，來時還是一叢年紀輕輕的嫩竹，園丁說的，不是嗎？那麼青蔥精神的竹子，怎麼會未老先衰呢？

塵埃洗盡之後，我終於可以就著一杯熱茶，坐在五月的陽光裏翻看過了時的報紙，完全沒有預料到，一翻開就是竹子的新聞：歐洲竹子全面開花，瀕臨死亡。

原來歐洲的竹林來自一根竹子。一九○七年，英國人威爾遜從中國湖北用船運了一株竹子回到英國，並且以他鍾愛的女兒之名爲竹子取名：Muriel。原本無竹的歐洲從此就有了竹子，名叫「妙瑞兒」。德國大約就有五百萬叢竹子分散在大大小小的花園裏頭，在九十年後的今天，默默地開了花。

我丟下報紙，匆匆往竹叢趕去，彷彿追趕一個對自己生死交關卻即將失之交臂的人。我在離竹叢三步之遙停下來。這和我相伴了三年的竹子，竟然和我來自同一片土地。那花穗，和蘋花梨花玫瑰花比較起來，簡直粗糙得像雜草一樣，可是，它醞釀了幾乎一個世紀才開花，那醞釀的過程該是如何的精緻細密？那曇花在夜裏偶放，就使人們驚嘆不已；這竹花一世紀才綻現一次，就在我的院子裏啊，我覺得驚心動魄。

從匈牙利到英國，從瑞典到西班牙，千萬叢的竹子，在我駐足凝視的此刻，點點滴滴綻開了花穗；每一粒花穗裏埋藏著種子，每一粒種子裏埋藏著時間，回走的時間裏埋藏著一九〇七年湖北的土壤和雨水。誰又能向我解釋所謂基因的哲學意義？三年前我自園丁手中買下的嫩竹，雖然年紀極輕，雖然竹葉新綠、竹桿初挺，但是它已經承繼了一九〇七年以來的歲月，一日亦不稍減。即使是昨日培植而成的新枝，今天也已到了開花的時辰。原來每一粒種子裏不只埋藏著過去，還隱藏著未來。

剪下幾枝竹花，插在瓶裏，放在案頭。孩子們追逐嬉鬧的聲音隨著風飄進來，使五月的春光明媚又增加了天真爛漫的歡快。孩子與竹花之間，一定存在著一種關係；讓我在這竹花前坐上幾分鐘，我可以聽見極其細微的遙遠的聲音。

一九〇七年的中國。五月，黃花岡之役失敗；六月，七女湖之役失敗。七月，徐錫麟、秋瑾在安慶起事，壯烈犧牲。原本可能一同去安慶革命的蔣夢麟沒去安慶卻到了日本：「在一個展覽戰利品的戰蹟博物館裏，看到中日戰爭中俘獲的中國軍旗、軍服和武器，簡直使我慚愧得無地自容……與高采烈的日本人提著燈籠在公園中遊行，高呼萬歲。兩年前，他們陶醉於對俄的勝利，至今猶狂喜不已。」

蔣夢麟「孤零零地站在一個假山頂上望著遊行的隊伍，觸景生情，不禁泫然涕下。」

一九〇七年的蔣氏正值二十二歲，但是他的眼淚有幾歲？往回走，一九〇四年有日俄戰爭，一九〇〇年有八國聯軍，一八九五年是甲午戰爭，一八八五年，蔣氏出生的一年，是中法戰爭。蔣氏在上野公園所流的眼淚，無數個近代中國知識分子都流過，是感時憂國的眼淚。那些眼淚，原來早就埋藏在他出生當日的啼哭裏。或者更老：一八七四年日軍犯台、一八六〇年英法聯軍陷北京、一八四一年鴉片戰爭……。

英姿煥發的青年人蔣夢麟、魯迅、秋瑾等流下的眼淚其實那樣蒼老。他們的感情承繼了自己族人一脈相傳代代累積的鬱結；二十歲的生命背負了一個世紀的重量。

也是一九〇七年，二十六歲的台灣人林獻堂在日本奈良遇見梁啟超。閩南語與廣東話不能溝通，兩人以中國文字筆談。林獻堂問：「我們處異族統治下……，最可悲痛者，尤無過於愚民教育，處境如斯，不知如何可以？」梁啟超感慨無限：「本是同根，今成異國，滄桑之感，諒有同情……，今夜之遇，誠非偶然。」

不，當然不是偶然的。台灣林家的優秀子弟和來自廣東的進步分子會在一個特定的時空裏發抒共同的感嘆，誠非偶然。他們的感嘆裏深深埋藏了背後整個世紀的痛苦和掙扎。

星移物換，我們走到一個世紀的盡頭，和蔣夢麟、魯迅、林獻堂、梁啟超仍是同一個世紀。英姿煥發的青年人走在街上；那北京、上海來的，那台北、台南來的，走在紐約、東京、墨爾本的街上。當他們在某一個公園裏獨自流下眼淚時，那世紀末的眼淚是否早已深埋了世紀初的淡淡的軌跡——讓我們慢慢細數：一九八九、一九六六、一九四

九、一九四五、一九三七……一九〇七年。

所謂基因啊，不過是文化和歷史的宿命吧。

一株湖北的竹子，飄洋過海到異鄉，在歐洲的陽光雨水下繁衍成千千萬萬株的竹叢。世紀末的時辰到了，彷彿一個私定的終身，千千萬萬叢竹子同時開花，死亡。但是我不知道這能不能稱爲死亡？花穗中蹦出種子，種子落在肥厚的土壤中，將衍生出另一片千千萬萬的蔥綠竹叢，在另一個世紀之初始。而那新生之竹，將不再是被移植的品種；歐洲的土壤將是他們此生不渝的故鄉。

死亡，竟是新生。那麼文化和歷史的所謂宿命，當新的種子落下，新的思想抽芽，難道宿命所埋藏的不也是民族的新生嗎？

街上，孩子的歡聲不斷。

彼黍離離

通常發生在晚上，大約十點左右。這個時候，電話鈴不再響起，孩子們發出嫩嫩的鼾聲，壁上的鐘滴答滴答走著，異樣清楚。這個時候，如果有一隻不知爲什麼遲歸的烏鴉突然從葉叢中竄起，你可以聽見牠翅膀伸展拍打的聲音從而想像牠腋下羽毛的溫暖。窗戶向花園敞開，這是夏夜。

敞開的窗戶流蕩著茉莉花的氣息。北國的茉莉花叢如此龐大旺盛，密密實實地覆蓋了一整面的籬笆。正是花開時節，風動，千百朵白花像海浪泡沫翻滾，香氣一波一波推湧進眉眼鼻息。你忍不住閉上眼睛，對窗微仰著臉，讓兩頰去感覺花香的波動。花香牽引著你，恍惚陷入一個隔世的時光：你穿著白衣黑裙，短髮齊耳，正經過一條熟悉的巷弄；你突然止步，在人家的竹籬邊。從口袋裏掏出一方摺疊整齊的白色手帕，在掌心展

開。你摘下幾朵竄出竹籬的茉莉，排在手帕中心，包好，再放回自己黑裙口袋裏去。

沒有人知道你的口袋裏有一方白色的手帕，手帕裏藏著幾朵綻開的茉莉；你穿過安靜的巷子，走向浮動喧囂的世界。

總是有什麼東西在風裏吹散了，捉摸不住，理不清頭緒。只是那花香熟稔若此，帶著時光的密度和生命的重量，幾乎令你承受不住。你在窗前微低著頭，不經意間，就聽見了它的呼聲；一隻野鴿子，似乎隱藏在極濃極密的樹叢裏，咕咕叫起，從最遙遠最深邃的林子裏幽幽傳來，遙遠深邃像來自莽莽洪荒，一隻野鴿子探索的渺茫的呼聲。

總是在這個時候，大約晚上十點左右，你匆匆穿上球鞋，繫好鞋帶，拉上門，往草原的方向走去。你踩著極大的步伐，好像趕路能稍稍排解胸中那不知是什麼引起的鬱結。兩盞路燈之後右轉，栗子樹下再右轉，就已到了草原的碎石路頭。路旁夾道的青草裏透著星星點點粉藍色的點綴，走近看，原來人家籬笆內所種的藍色勿忘我一叢一叢已經長到了籬笆外。風將種子吹遠，這已是綿延一路野生的毋忘我。

碎石路在麥田開始的地方彎進一條兩公尺寬的柏油小路，你放慢了腳步。清新的空氣流動像山中最乾淨的泉水。白天下過雨，雨水打在地面上的咚咚敲響大概驚動了地面下的世界。黑色的無殼蝸牛和暗紅色的蚯蚓紛紛爬上了柏油路面，迷失了方向。當你和孩子一起散步時，你就讓他們用細細的樹枝將蟲兒攔腰挑起，往路邊奮力一甩，蝸牛和蚯蚓便又回到鬆軟的泥土家鄉。現在，你跨過牠們的身體，向前方一個豎著的小木牌走去；木牌上貼著一張什麼告示。

「我們是小學六年級的學生，在這個牌子右邊種了一排樹苗。這些樹苗大約在七年後會長成一片茂密的樹籬。草原上的刺蝟就可以在樹籬中築巢。」

是了，就是在這木牌豎起的地方，你曾經看到一隻刺蝟。你起先以爲是一粒肥大的乾松果，可是乾松果微微動了一下，竟是一隻找不到家的幼兒刺蝟。刺蝟需要巢的遮蓋，但這裏是一片望之瀰漫的雜草，人類的幼兒在裏頭鑽進鑽出，撲蚱蜢、追逐蝴蝶，刺蝟時時在危險中。你看見的那隻小小刺蝟，一感覺你的迫近就蜷成一團，彷彿也知道這世界雖大，它無處可逃。

七年之後，樹籬成蔭，刺蝟成羣，那植樹的孩子也將成人。你別過臉去看草原東角聳立的一叢樹，那是野兔出沒的地方，啊，你心裏突然明白了：原來那叢樹也是人種下的，讓大耳野免有藏身之處。那兒想必也曾經立著一個木牌，寫著孩子稚氣的筆跡。那

些樹叢枝幹虬結，樹齡蒼老，當年植樹的孩子又在哪裏呢？

北國的夏夜如此明亮，在這個時辰，你還看得見麥穗的芒刺怒張，像花、像劍。黃色的麥浪翻疊起伏，由近而遠；有幾塊地方塌陷下去，那是麥子成熟到極限，爲自己生命的飽滿而傾倒。你離開柏油路面折進草原小徑，小徑只有一隻鞋的寬度，覆蓋著濕潤的草葉。你的鞋子沒一會兒就潮了，濕氣滲進棉襪，浸涼了皮膚。你行到曠野中央，停下腳步，回過身來。

這是一片廣大的草坡，以地陷東南的架勢傾斜，傾斜深處就是一線山谷。這時候，你注意到，山谷裏的燈火全亮了，穿過草氣氤氳，晃動閃爍，映出一戶一戶的人家。山谷的陰面是松樹林，顏色如墨，襯得燈火明燦。剛剛行過的小徑將草原劃成兩半，一半是離離麥田，一半是綿綿綠野。野地裏青草怒長，白色的雛菊和鮮紅搶眼的罌粟花大把大把地雜在其中，揮霍地一徑開到天際，晚雲俯下的地方。

你這才看見了天際的月亮，怎麼剛剛一直沒發現？一枚又圓又大的月亮，像新剝進碗裏的蛋黃，油油濃濃的，懸在大地傾斜、雛菊罌粟與晚雲交接的線上。因爲有了月亮，夜才深沉起來。麥田已經變成一片模糊暈黃；天色暗下，好讓你感覺那月色輕灑在

草原上翻起一層淡淡薄薄若有若無的微光。風吹過來，你的目光隨著滾動的麥浪和草浪一起一跌地推到遠方山谷的盡頭。

「彼黍離離——」是誰，你想問，也曾經走過這樣一片曠野中的田禾，心裏湧起了哀傷。「彼稷之實。行邁靡靡，中心如噎。知我者，謂我心憂，不知我者，謂我何求。悠悠蒼天，此何人哉。」誰呢？行在深深草木中，憂傷社稷的顛倒。他又在哪裏呢？

草原驀然暗下，浮動的黑雲遮了半片月亮，天空裏佈滿了形狀詭譎的雲片。你獨自立在空曠的草原中心，燈火世界退在最遙遠疏離的邊緣，夜風自耳邊掠過。有那麼一瞬間，你彷彿突然失憶，茫茫然不記得自己的來處和去處。你什麼也不想，只感覺到地在運轉、花在開落、麥子在醞釀、月亮在升起、蚯蚓蝸牛在泥裏翻身、刺蝟在醒來、黑雲在頭上行走；在這麼偉大的運轉和壯麗的永恆中，你竟然有擋不住的眼淚，在黑暗中沁沁流下。

「譬如三千大千世界，」你往來時路折回，「所有草木叢林，稻麻竹葦，山石微塵，一物一數，作一恆河，一恆河沙，一沙一界，一界之內，一塵一劫，一劫之內，所積塵數盡充為劫。」你是恆河沙粒，你是電光石火。你是那路過宗廟宮室、徬徨不忍去

的周朝大夫，你是那歡欣鼓舞植下樹苗的稚齡孩子。今晚，你走在一隻鞋子寬窄的草原小徑上。微雨飄打下來，濕了你的頭髮。你聽見自己的腳步在草叢裏簌簌作響，四野無人。

頑童捕蟬

我們租的房子在樹林裏，蟬聲聒噪，織成一片密密的聲網；講話，得用喊的，否則就給沸騰的蟬聲給淹沒了。

孩子睜圓了大眼，完全被樹林裏的聲網震懾了。「在哪裏？在哪裏？」抱著一個玻璃罐，孩子們沒入樹叢，開始蠻荒歷險。回來時，玻璃罐裏有幾隻褐色的蚱蜢和兩隻草綠色的螳螂。

玻璃罐放在桌子中央，飛飛開始數蚱蜢有幾隻腳；總是數到四，那蚱蜢「蹦」地一跳，又得從一開始。十歲的安安大喊：「打架了。」

兩隻螳螂已經擁抱在一起。稍大的一隻用兩隻龐大像挖土機的前肢緊緊摺住敵人的頭，張開大嘴「咔擦」一下把頭給咬斷了吞掉，沒了頭的螳螂身體還在繼續掙扎。大螳

螂井然有序地從胸腔開始吞食，一寸一寸地前進，像人咬甘蔗似地一節一節吃掉。等到整隻螳螂都被消化了，我們才發現，大螳螂自己其實也只剩下半截軀體，牠的腰部以下早被小螳螂吞吃。

勝利的螳螂對天張開他的兩隻大鉗，好像教徒在感謝神，安安說，「媽媽你知道螳螂的德文名字嗎？」

我搖頭。

「叫做『對神祈禱者』。」

「哦，」我說，「不知道德國人還有這種幽默感，把蚱蜢放了吧。」

孩子們的眼睛搜索樹幹和樹枝。發出這麼撲天蓋地的聲響，蟬，一定是個神奇的小蟲，比發光的螢火蟲還神奇，是不是，媽媽？

是啊，蟬是神奇的小蟲。牠在黑暗的地下等候七年才得以羽化見光，可是牠在這明亮的世界裏只能活兩個星期就死亡；你能怪牠日日夜夜地縱情嘶吼嗎？

「媽媽，你小的時候怎麼抓蟬的？」飛飛仰臉問。

我看見陽光樹影在他臉龐閃爍。

「不記得了。但我想想辦法。」

孩子們撿來兩根長長的樹枝。在廚房裏，我把樹枝的一頭裹上蜂蜜。「試試看，把蟬黏下來。」

揮舞著樹枝，兩個頑童趺趺撞撞地奔進樹林深處。我走到陽台，遠眺山谷。斜坡上全是釀酒的葡萄，葉子綠得發亮，飽滿的葡萄和酒仍在橄欖樹的陰影裏。

玻璃罐裏有三隻蟬，全身黏著蜜，動彈不得。「牠們的翅膀——」安安驚異地說，「那麼透明，那麼薄——」我笑了，有一天，當他聽到人說「薄如蟬翼」，他會驀然想起這個地中海的夏日吧。

「牠們的屁股——」飛飛也不落後，「那麼肥，那麼白——而且，唱歌就抖。」

蟬翅如此脆弱，載不動蜜的重量，再也飛不起來。「會死，」我說。

「拿去餵蜘蛛吧？」飛飛說。我們一起看過蜘蛛如何有效率地吃掉一整隻蚱蜢，在牠佈下的天羅地網中。

「反正，」安安說，「牠也只有兩個星期好活，那麼短。」

蟬還在蜜淖裏顫動，孩子已經滾下了山坡，追逐一隻飄忽的黃蝶。

我撿起一隻黏答答的蟬，將牠貼在樹幹上。「朝菌不知晦朔，惠蛄不知春秋，此小年也。」夏蟬活不到秋天，莊子的意思，也不過如孩子所說，兩個星期罷了；可是，兩個星期究竟是短還是長呢？短長，要以什麼來衡量呢？

在楚之南，有冥靈大樹，以五百歲爲春，以五百歲爲秋；更早以前，有大椿樹，莊子說，以八千歲爲春，以八千歲爲秋。就冥靈和大椿的時光來衡量「惠蛄」，我們稱蟬，那蟬的生命可比電光石火的剎那還短。

可是那冥靈大椿的時間就算長了嗎？我們昨天去看了一個鐘乳石岩洞。岩洞巨大如地下宮殿，洞裏石雕光怪陸離，但是沒有一個尖銳的稜角。所有的線條都是柔和的，所有的石面都是滑軟的。雕刻岩石的不是刀和銼，是溫柔的水，一滴一滴涓涓而流的水。原來堅硬崢嶸的石塊，這邊看像絲綢的微皺，那邊看像青煙的迴紋。水，用了兩百萬年的時間在撫摸這洞裏的石頭，軟化它、穿透它。當我們低頭穿過冰涼的石壁，聽見滴水聲若有若無，在某個岩壁深處，我們知道，那水的溫柔石雕仍在進行中，兩百萬年的滴聲不斷，一如洪荒初始。

在這深邃亙古的岩洞裏，我相信的，下一盤棋，洞外的人間世裏已經翻轉千年。人的生生死死和蟬的不知春秋，差別何其微細？

每到一個陌生的小鎮，我們就去看看墳場。有的國家的墳場陰森恐怖，有的國家的墳場幽美恬靜。不變的是墓碑上的兩個日期，一生一死，中間無法註明的是一段喧囂的人生。在蟬是兩週，在人是數年，兩週不短，數年不長。但是論其長短多麼無聊，時光，究竟是怎麼過去的呢？

時光不會過去，過去的當是我們。那個法國畫家想證明的就是這個吧。那是一幅巨大的畫，佔了整面牆。初看之下，畫面只是一片灰白，什麼都沒有。慢慢地，仔細地，你發現原來畫布上佈滿了數字，長串的數字，六碼以上。數字是依序而來的，3805640之後是 3805641、3805642……。再定睛細看，你發覺數字的墨色從上往下由淺而深。畫布上端的數字幾乎已完全湮滅，中段灰白難辨，下端的數字猶歷歷可讀。

畫家從二十多年前開始在畫布上寫數字，從零開始，順序寫來，寫滿一張畫布就換下一張。每天從眼睛睜開時開始寫、吃飯時寫、接電話時寫、坐馬桶時寫、上飛機旅行時帶著小塊畫布寫、早晚寫、春秋寫、月月寫、年年寫。在我舉頭觀畫的那一刻，他正在畫室裏寫更長串的數字。在手的起落之間，早年寫下的數字墨跡淡了，逐步變成完全

的空白，稍晚寫下的數字則正在淡化中。時間的漂白作用亦步亦趨跟著他握著墨筆的手，層層逼進……。

從二十多年前起，畫家每天爲自己的臉照一張像。一天一張，二十年不間斷。我看見他額角寬闊、眼睛明亮的照片，我看見他滿臉皺紋、眼角塌陷的照片。那是第一張和最近的一張，但是兩者之間有二十年的歲月，你無法確切指出從哪一張臉上皺紋開始，哪一張臉上眼睛開始失去光澤。鐘乳石洞裏的滴水雕刻著石頭，人間的歲月風霜則腐蝕著這個人的臉孔。畫家記錄著那腐蝕的過程，以自己作觀察和展覽的對象。

我以逃走的心情離開展覽館，館外的陽光劈面照下刺得我睜不開眼睛。畫家所爲，有飛蛾撲火的愚昧和悲壯吧？愚昧，因爲他以記錄生命來取代享受生命，他是一個死的標本；悲壯，因爲他知道自己和「朝菌」、「惠蛄」一樣不知朔與春秋，卻執意捕捉他所知道的那個刹那。或許他以爲，因爲捕捉了時間的詭異波紋，所以他事實上抵抗了浩瀚時間的覆沒？

一高一矮兩個頑童立在土丘上，手裏持著樹枝，枝頭還有一點薄薄的蜜。兩個人屏住氣，臉龐仰向高高的樹幹。陽光穿過葉叢，把他們的頭髮刷亮。孩子的眼睛圓滾滾的，一眨也不眨。

仲尼適楚，路過樹林，看見一個痀僂著腰的老人用一支長長的樹枝正在黏蟬，熟練得像用手撿一樣。仲尼問他是否有什麼訣竅，老人說，「吾執臂也，若槁木之枝。雖天地之大，萬物之多，而唯蜩翼之知。」

世界的錦繡繁華完全不見，凝神專注只看見蜩翼，就可以捕捉到蟬，唉，痀僂老者和法國畫家豈不做著同樣的事情？而那個對文字的功能極其懷疑的莊子，寫了一則又一則薪火傳世的寓言，難道不也是一種對「蜩翼」的專注、捕捉，意圖以它來理解大宇宙的晦朔春秋？

可是莊子寫痀僂老者「承蜩」和我寫兩個頑童捕蟬，中間有兩千五百年的時光；我的眼睛看見一樣的山，一樣的樹，我的耳朵聽見一樣的蟬聲聒噪，在頭上織成一片密密的聲網。風呼呼吹過松林，灑下一陣繽繽紛紛的松針。兩千五百年的流光，告訴我，怎麼衡量？怎麼記錄？又怎麼抵抗？

我得煮飯去。

嚮往

老朋友瑪格特來訪，從行囊中取出一本看起來破舊不堪的德文書，興致勃勃地說，「和你的孩子一塊兒讀，是寫兩個德國小孩在北京的故事。」

我接過書翻翻；一九〇三年柏林出版，以孩子的口吻寫一九〇〇年八月的北京。插圖上有拖著辮子的中國人。

我沒說話。

晚上，瑪格特像老祖母一樣戴上老花眼鏡，捧著書，擱起腿，讓兩個孩子簇擁在燈下說起故事來。我就在花園裏把抽長了的葡萄藤繞到欄杆上；月光裏的葡萄葉子綠得發亮。

就寢前，十歲的孩子來到床邊道晚安，說，「那義和團的書很有意思，我們已經講到第十頁了。」

他停下來，思索了一會兒，又說，「可是，我覺得有點兒奇怪——裏面的中國人，媽媽，都是壞人呢！」

我看看他，多麼美的臉龐，明亮的眼睛裏有對整個世界的好奇，和困惑。我知道你會來，我知道你會問，孩子，可是我該從哪裏和你開始呢？

也許該從一七九二年大英帝國派往中國的使團開始。五艘船載了近七百個人，包括喬治國王的特使、畫家、音樂家、科學家……，在大海上航行了十個月之後抵達了天津，在承德覲見了乾隆。

英國人的目的在成立外交使館以保障本國商人的安全和利益，天下唯我獨尊的中國人卻還不知道外交上有所謂對等關係。乾隆對馬戛爾尼之不願行叩頭禮極爲不悅：「朕於外夷入覲，如果誠心恭順，必加恩待，用示懷柔。若稍涉驕矜，則是伊無福承受恩典，亦即減其接待之禮，以示體制。此駕馭外藩之道。」

「朕意甚爲不愜」的乾隆不知道在這「嘆咭唎外藩」所屬的世界裏，法國大革命已經發生，〈人權宣言〉已經公佈，盧梭的《社會契約論》、康德的《純粹理性批判》、黑格爾

的《歷史哲學》、戈得溫的《政治自由》等等著作已經出版；乾隆也不知道這些外表滑稽可笑的「外夷」已經發明了蒸汽機、蒸汽船，已經發現了植物的光合作用。他更不知道馬戛爾尼的使團中，有人仔細觀察了中國的船艦和火砲結構，發現它們遠遠地落後歐洲。自滿的帝國內部缺少自我懷疑和自我更新的機能。嘆咭唎國的龐大船隊來了又去了，中國的大門並不因爲使團的叩門而打開。這個深鎖的大門便在四十多年後被袍火轟開，是嘆咭唎人的砲火。歷史的巨輪輾過中國，呻吟聲至今可聞。

或許也可以從「北京五十五日」這部影片說起？一九九三年夏天我在北京，想看一部以北京城爲背景的電影，增添一點歷史感。在外國朋友家中看「北京五十五日」的錄影帶，卻像吃了一碗摻了沙子的稀飯。老是演英雄的查爾登·希斯頓這回又是英雄——騎著馬，披戴武器，雄糾糾氣昂昂地踏進一九〇〇年的北京。電影裏中國人愚蠢而且殘忍，更典型的是，中國人像螞蟻一樣以羣體作爲襯托英雄的背景出現，絕對沒有一張個人的面孔。電影的製作者毫無掩飾地呈現出他對另一個文化的完全無知和對自己文化的絕對狂妄。這是一九五〇年代美國好萊塢世界的「朕意甚爲不愜」。

或許更應該從 Lizzie Atwater 這個女人說起？被派來中國傳教的 Lizzie 在一九〇

〇年八月初寫家書回美國：「我不後悔來到中國，只是遺憾成就那麼少。我過了兩年幸福的婚姻生活，現在，我們要一起死……」

這封信發出兩個星期後，已經懷胎九月的 Lizzie 和丈夫女兒，以及其他幾家傳教士和他們幼小的兒女，被誘騙到山西汾州府城外。埋伏著的中國士兵將他們一一射殺，剝光了屍體。被謀害的是十個美國人、兩個中國教徒和兩個被僱的馬車夫。

這些傳教士早在義和團的騷動中預見自己的死亡，但是他們的信仰給予他們視死如歸的精神力量。然而他們原本崇高的精神力量，在時代的大景中看來，卻顯得荒謬。傳教士在追求個人信仰的實現時，一點兒也不知道自己其實同時是帝國侵略主義的一隻爪牙。無私的、奉獻的、崇高的個人，在歷史的大漩渦裏，卻變成一個欺凌的、不公不義的集體。

不可思議的是，那義和團拳民本身，又何嘗不是許許多多自覺無私的、奉獻的、崇高的個人，背上「扶清滅洋」的重任，視死如歸。可是在歷史的大漩渦裏，他們給自己的民族帶來意想不到，彌補不了的劫難。

在山西遇難的傳教士大多來自美國俄亥俄州有名的奧柏林學院。一九〇三年，校園

上建起了一座紀念他們的石柱拱門，刻上了死難者的名字。每一年的畢業典禮，奧柏林的學生要從拱門下莊重地穿過。年年穿過，一晃又到了世紀末，這是二十世紀的九〇年代了。

距離義和團騷動，八國聯軍攻打北京之後一百年，我們的世界流行起所謂「後殖民論述」。奧柏林的應居畢業學生開始拒絕從紀念拱門下穿過；前輩的「光榮犧牲」，對這一代人代表的其實是可恥的西方帝國主義、霸權侵略主義。「爲什麼只紀念美國傳教士？」學生質問校方，「被殺的中國籍教徒，還有被聯軍砍頭的義和團拳民，就不算數嗎？這是種族歧視。」每年夏天，學生聚集在這座紀念拱門前靜坐示威。世界變了。

或許也可以從「後殖民論述」開始說起？其實老早在薩意得（Edward W. Said）將「東方主義」這個辭炒得火熱之前，非洲的知識分子已經寫了不少文章向歐美白人的文化沙文意識提出挑戰。當非洲殖民地在二次大戰後紛紛獨立的同時，他們的知識菁英創出 Negritude 的字眼——勉強可以譯爲「黑文化主義」吧；他們要以非洲人的眼光來看世界，以黑人的文化立場爲基本立場來詮釋黑人以外的世界。如果在以前的版圖上，白人世界是中心，黑人世界是邊緣，那麼新興的 Negritude 就要把中心和邊緣兩個概念倒轉過來，教白人一邊站去。

中心和邊緣位置的重新調整成爲「後殖民論述」的一個核心概念。薩意得關於「東方主義」的著作發表之後，「後殖民」的種種術語進入了亞洲知識分子的日用辭彙。自覺被推擠到邊緣去了的亞洲人，突然發現了一個可以幫助他們重新攻回中心的武器。當從前趾高氣揚的西方知識分子現在低頭作自我檢討的時候，第三世界和西方的知識分子之間似乎突然有了對話的可能。在奧柏林校園裏靜坐示威的學生很可以理解，爲什麼中國共產黨人在一九四九年後剷平了汾州傳教士的墓地。

可是剷平墓地容易，調整兩百年來盤根錯節的邊緣與中心關係多麼不容易。高聲抨擊西方文化霸權的亞洲人，我們，哪一個不知道：你的概念來自西方學者，你的術語借自西方著作，你的語言，如果要讓這個世界真正聽到，必須是西方的語言。你根本沒有超越你想要超越的陰影。但是儘管如此，有些人已經覺得可以輕鬆一點呼吸了。譬如好不容易擺脫了專制和貧窮的台灣人，比從前更能夠心平氣和地與西方人交往；因爲不那麼自卑，於是也就不那麼自大。在批判西方霸權的同時，台灣人也開始覺悟到自己作爲漢人的霸權。台北總統府前爲蔣介石而名的「介壽路」現在改名爲「凱達格蘭大道」，

承認這是漢人向原住民掠奪而來的土地。邊緣和中心的需要重新調整、重新認識，不只存在於東西方間，也存在於每個社會的內部。

這不是很健康的發展嗎？為什麼我們又覺得惴惴不安？

可能是由於美國學者杭廷頓對於文化衝突的預警。他認爲第三世界對西方積怨已深，冷戰期中意識型態的對峙會演變成文化與文化間的仇視與衝突。杭廷頓警告西方要對其他文化羣湧來的挑戰及早戒備。他的備戰意識令人不安。也可能是由於從阿爾及利亞傳來的消息——每天有西方人在那裏被殺害，商人與傳教士，老弱與婦孺。我們驚訝地發現，一方面，「後殖民」的新思潮盛行，另一方面，義和團式的殺戮重新上演。我們的孩子將要面對的究竟是個什麼樣的世界？

寫《白鯨記》的梅爾維爾曾經寫過一則寓言小說。在一條船上，主人階層虐待奴隸。經過一場喋血叛變，奴隸英勇地起來推翻了主人。接下來的發展，我們閉著眼也能想像：奴隸成了新的主人之後，開始暴虐地壓迫新的奴隸；因爲他們從不曾經驗過與別人平等地往來，他們只能遵循過去的弱肉強食的模式，以暴制暴。

以暴制暴的後果？德國人是知道的。凡爾賽和約使戰敗的德國人覺得屈辱。這種屈辱感造成自卑，自卑需要自大來平衡。希特勒所勾勒的富而強的德國，「凌駕一切」的德國，有它的羣眾基礎。但是當德國不再自覺屈辱，富而強起時，他們首先做的就是四出侵略。二次大戰結束，德國被四國瓜分佔領，歷史最惡質的循環又回到可悲的原點。

我不喜歡這本一九〇三年寫「中國人都是壞人」的書，我也不喜歡「北京五十五日」這部表現西方人無知卻又屈尊的電影。那麼我喜歡什麼呢？做兒童的時候，教育我的人告訴我建立一個「富強」的國家是多麼重要的一件事。可是歷史也告訴我，在追求「富強」的路上，多少國家從屈辱中走出，向横暴走入，在更深的屈辱和更重的創傷下頽然倒下。不，我寧可嚮往一個「富而有禮」的國家：我們受過長時的欺凌，卻不願老背著「被害者」的包袱做滿眼血絲的復仇者；我們曾經是那被壓在船底的奴隸，做了主人卻不願再壓迫別人做我們的奴隸。當世界文化的強勢和弱勢，邊緣和中心在重新組合時，我們一方面大聲批判別人的霸權，一方面不忘記警惕自己不成爲另一種霸權，不論是對外國人，或者是對自己人。

「富而有禮」，我相信，才是真正的「富強」。

我當然沒跟孩子說這麼多；許多事情，有待他自己去發現。我們閒扯了一會兒，月

光照亮了半片地板。要他去睡了，他卻又在門邊回頭輕輕問道：「有一天，中國和德國打仗了你怎麼辦？」

「我怎麼辦？你才怎麼辦呢！」我心裏想著，可是嘴裏說，「那我就寫一本書，用兩個中國小孩的眼光寫德國人吧！」

蘇州的識者

去西湖之前，既想去，又怕去。剛好有朋友甫自西湖歸來，便問他，「怎麼樣?西湖還可以去嗎？」

他沉吟片刻，只說，「得挑人少的時候去。」

我就明白了。第一次看見長城，是在人堆裏被推擠上去的。人潮像洪水，嘩啦啦流在城牆上；播音器以撲天蓋地的聲響或者警告你別隨地吐痰或者強迫你聽一段國樂。第一次看見紫禁城，是夾在旅行團和旅行團的中間，進退不得，只好跟著流。嚮導一手持旗，一手抓著喇叭，用你聽得懂和聽不懂的語言高八度發音，她的聲音必須蓋過別的導遊才算稱職。

可是西湖怎麼能不識?唯一的辦法是給自己一點思想準備：做最壞打算，抱最低期望，世界就可以照舊美好。更何況，即使是在三百年前，西湖也不是一個幽靜的地方。晚明張京元看到的西湖，已經「酒多於水，肉高於山。春時肩摩趾錯，男女雜沓，以挨簇爲樂。」

到了西湖，果然擠擠挨挨；後頭想向前穿過的人得縮肩弓背，兩手往前合併作游泳撥水狀，才能撥開人的肉流。可是我很滿意：湖畔竟然沒有張牙舞爪的現代水泥建築，竟然沒有假兮兮雕龍畫鳳紅紅綠綠的仿古架構。湖面上竟然沒有囂張的摩托艇，水裏頭竟然沒有養肥的鴨子邀游客用氣槍打殺。空氣裏竟然沒有刺耳的喇叭聲，沒有卡拉OK的巨響。

我太喜歡西湖了，這個世界果然照舊美好。我幾乎是帶著感激的心情眺望湖面上翻動的荷花荷葉。「肉比山高」的人羣到了夜裏總要散了吧？張岱曾經在大雪夜裏獨自挐舟到湖心亭看雪。「天與雪、與山、上下一白。湖上影子，唯長場一痕，湖心亭一點，與余舟一芥。」他到了亭子，發現亭中已有兩個對坐喝酒，於是三人同飲。舟子說，「莫說相公癡，更有癡似相公者。」

我在湖邊問二十世紀的舟子，今晚是否可以租船遊湖。他看我的眼光使我覺得自己荒唐透頂，「晚上？晚上怎麼可以？有規定的。」

對於嚮往已久的大好河山的古蹟，逐漸就形成了三種態度。一種是死心死意的迴避。衡陽的石鼓書院已經變成了歌舞廳；好，你可以做歌舞廳，我可以不去，打死也不去。廬山上已經建滿了橫七豎八的房子，挖得滿目瘡痍；可以，我此生不必「見廬山真面目」。

另一種是想去、怕去、未去的猶豫不決。譬如蘇州河。做小女孩的時候在母親裙邊繞來繞去，聽她用鼻音哼唱四〇年代的老歌「蘇州河畔」。對蘇州河的聯想是幽幽的水光映著月色，溫柔的櫓聲裏有輕輕的人生的嘆息。到了上海，人們說，「蘇州河，臭來兮！」臉上作出噁心的表情，使我膽顫心驚。走到黃浦江畔，知道再走一段轉個彎就是蘇州河，但我停住了腳步，停住了腳步。

我還沒見到蘇州河。我要不要去呢？

第三種，就是想去、怕去、不得不去，譬如西湖，譬如虎丘。

虎丘爲什麼一定得去呢？不是因爲吳王闔閭葬在那裏，下葬三天，有白虎蹲踞其上；不是因爲梁高僧竺道生曾在千人石上講道。我不能不去虎丘，是因爲兩個前輩曾經

用最美麗的中國文字對我描述虎丘的中秋夜晚。

袁宏道說，平常「凡月之夜，花之晨，雪之夕」，虎丘已遊人如織，到中秋，蘇州人傾城而出，從「衣冠士女」到蔀屋貧戶，穿上最好的衣服，帶著席子氈子和美酒，來到千人石上，鋪排開來，「如雁落平沙，霞鋪江上。」

然後，一個顯然未經過組織，完全自動自發的音樂演唱會就開始了。每個角落裏都有人唱歌，上千上百的歌者，各唱各的，結果「聲若聚蚊，不可辨識。」漸漸地，歌者的競技心起，變成音樂比賽，音色較差的就被自然淘汰。當「明月浮空，石光如練」時，「一切瓦釜，寂然停聲，屬而和者，才三四輩。」

上千的聽者，凝神傾聽。夜更深時，只剩「一簫，一寸管，一人緩板而歌，竹肉相發，清聲亮徹，聽者魂銷。」到最後「月影橫斜，荇藻淩亂」時，整個虎丘上「一夫登場，四座屏息，音若細髮，響徹雲際，每一字，幾盡一刻。飛鳥爲之徘徊，壯士聽而下淚矣。」

比袁宏道晚三十年的張岱在多年之後也盤坐千人石上，傾聽到三鼓，看見「一夫登場，高坐石上，不簫不拍，聲出如絲，裂石穿雲……聽者尋入鍼芥，心血爲枯，不敢擊節，惟有點頭。」

比張岱晚三百年的我來到虎丘，虎丘的盆景老樹鬱鬱蒼蒼，栽培的杜鵑花豪華絢爛。如織的遊人在石塊間跳來跳去，苦苦尋找擺姿態攝影的地點，盡盡「到此一遊」的義務。

我站到遠處，想將那宋朝的斜塔盡收眼裏，卻突然聽到公雞啼聲，就在身後。三隻比人還高顏色斑斕的大公雞正扯著喉嚨喔喔叫，雞頭隨著電流控制一節一節地對人點頭。每隔幾分鐘就啼叫、點頭。原來滿山都是電動的巨型雞鴨魚兔，當然也少不了轉來轉去的米老鼠。

「中秋夜有音樂會嗎？」我問蘇州人。

蘇州人不知道，「沒有吧?!」他說。

走到出口，發現蘇東坡老先生像個測字先生一樣坐在路邊為人蓋章；電流操縱的蠟人蘇東坡僵硬地抬起手腕，僵硬地在我的門票上蓋下「到此一遊」的證明。

要離開虎丘，才知道我到虎丘其實不為看風景古蹟，而為了看一個文化，一個美感充沛的文化。在一個月光燦亮的夜晚，蘇州人不約而同來到山頭賞月品酒聽曲。有那麼

多的民間音樂家即席演唱，而「聽者方辨句字，藻鑒隨之」，人人都是有點兒素養的評鑒家。當最精湛純熟的歌者吐音時，千人石上肅靜無聲，聽者神馳，只能默然點頭或者慨然淚下，歌聲餘音在明月山崗裏嫋嫋不絕。這是藝術欣賞至高的境界。張岱忍不住嘆息：「使非蘇州，焉討識者？」

蘇東坡傻瓜兮兮地笑著，對所有離開虎丘的人機械地點頭；他的眼睛突出像人工培殖的變形金魚。我從他電動的手掌下取回門票。蘇州古城已毀。花了兩千年時間沉思琢磨而成的歷史風貌只需要兩年的時間就可以徹底消除，不留一點痕跡。蘇州的識者啊，到哪兒去了？

我的十年回首

一九九七年正月，歐洲大寒，凍死了許多流浪漢。在俄羅斯邊界和阿富汗，仗繼續打著。不知其數的人死於溝壑，暴屍荒野。我們這些存活的人等著看九七年的徐徐開展。這一年，中國人民解放軍踏著鋼鐵的步伐進入香港，結束一百五十多年的西方帝國主義，開啟另一頁不可預測的歷史。這一年，是台灣解嚴的十週年紀念。

紀念？也許，但若說慶祝，許多人或許要反問：慶祝什麼？與十年民主如影隨形的是官商勾結、黑道橫行、權力鬥爭。桃園縣長屍骨未寒；活時的他代表一種政治生態，死時的他也見證一種政治生態。他的活和死都令人不安，對台灣這個社會。十年回首，我們究竟進步了多少？從威權政治走進民主，我們又學到了什麼？當舊的價值一一解體時，我們是否還有某一個共同的信仰？我很想問問我的同代人。

台灣的社會是否較十年前「進步」，恐怕沒有人敢貿然回答，因爲，嘿，什麼叫「進步」？人民的政治權力顯然多了，但是行政的品質是否較從前爲高？治安是否較從前爲好？生態環境是否較從前健全？遭受外侮的恐懼是否較從前爲低？答案恐怕都是：不見得。

然而對這個問題感覺困惑的當然不只台灣人。一九八九年冷戰結束之後，歐洲人以爲日子將從此美好，卻發現，在冷戰中至少部落間的仇恨之火也被凍結，在自由的時代中卻一一引燃爆發。一個西歐人固然不敢輕率說出「進步」二字；一個東歐人，面對冒著煙的斷垣殘壁和有了自由卻又買不起汽油的生活，只能嘆一口氣吧。

人類的進步，不論是科技發明或思想制度的創新，極少沒有副作用的，而副作用的危害往往抵銷了或甚至超過了「進步」的正面功用。二十世紀的我們所目睹的許多災難都和「進步」有關：醫學發達導致壽命延長、人口膨脹及飢饉問題；共產主義的實驗帶來許多國家的大倒退；對俄羅斯和前南斯拉夫而言，冷戰後的自由使他們陷入大混亂，因爲人們無力承擔自由所相對要求的責任。僅只翻閱二十世紀，我就難以相信歷史是一條「進步」不斷的直線發展。

從八〇年代的直接參與到九〇年代的距離觀察，我在台灣這個民主實驗室中看出了一些東西，可是這些東西，沒有一件不是前人已經體驗過的。自己蛻了一層皮才認識的「真理」，其實只是歷史的老生常談。然而親身「悟」出來的道理當然不是歷史可以傳授的，譬如一個孩子必得手指被火燙過、痛過，才確切明白火和燙的真實意義。

有了九〇年代，才發覺八〇年代是多麼單純的敵我分明的時代。敵，就是那個專制政權；我，就是所有反對強權、追求自由的人。壓抑已久的社會也有一個共同的默契：我們要民主。但是當民主真正到來時，我們似乎都傻了眼。在新的組合裏，原來專制陣營中出現了高喊民主自由的人；原來反對陣營中，一旦掌有權力，就出現了行事獨裁的人。原來千夫所指、萬民唾棄的國民黨「老賊」突然顯得高風亮節，因爲民選出來的新一代國會議員貪婪無饜、粗鄙不堪。究竟誰是我，誰是敵呢？

傻眼的同時，我們理解了原來當時只有一個敵人，就是統治政權；民主之後，敵人就在「我」的身邊，好大一串：財團形成利益團體收買政客，政客爲了鞏固選票結合黑道，黑道爲了充實地盤賄賂地方官吏，地方官吏利用職權勾結派系……，一切，都在民主的旗幟下進行。而由於民主的結構，這一切都經過了「我」的默許與合作，我，就是

自己的敵人。三分之一的民意代表有犯罪前科，老百姓應該義憤填膺嗎？什麼義憤，什麼填膺？他們全是「我」老百姓一人一票選舉出來的。義憤填膺就是自打耳光。

這種諷刺，哪裏是當年關注民主運動的我們所預見的呢？可是嚴肅的歷史劇演變爲荒唐鬧劇是有前例的。一九一二年一月一日民國成立，孫中山意興風發：「……無中國專制政治之毒，至二百餘年來而滋甚，一旦以國民之力踣而去之，起事不過數旬，光復已十餘行省，自有歷史以來成功未有如是之速也。」

十一年之後，他有了新的體認：

「……綜十數年已往之成績而計效程功，不得不自認爲失敗。滿清鼎革，繼有袁氏；洪憲墮廢，乃生無數專制一方之小朝廷。軍閥橫行，政客流毒，黨人附逆，議員賣身……使國人遂疑革命不足以致治，吾民族不足以有爲，此則目前情形無可諱者也。」

「革命不足以致治」，能破未必能立，能反對不見得能治國，這個教訓我們在台灣的民主實驗中親身經歷了。爲什麼反對者——我指當年向威權政體挑戰的知識分子、政治人物和一般民眾——一旦掌有權力，卻不見得更有能力？這種情況在今日東歐幾乎是個定律。我想和反對者的本質有關。

我們在八〇年代抨擊國民黨時，很少人說是因為國民黨的經濟決策或交通政策、教育政策不夠完善而加以反對。我們所反對的不是那個體制沒有效率，而是那個體制沒有正義。當然，很可能沒有效率的體制也必然沒有正義，但重點是，有沒有效率是實務問題，有沒有正義是道德問題。而異議分子，不論是純潔的理想主義者或不怎麼純潔的政治野心家，往往傾向於以道德訴求做為奪權的基礎。「吊民伐罪」也好，「替天行道」也好，都是從道德出發。

革命成功之後，反對者，尤其是遭受過迫害的反對者，頭上便有一圈道德光環。然後問題就緊接著出現了。如果從前最迫切的是有沒有正義的道德問題，那麼現在最需要解決的就是有沒有效率的實務問題。頭上有道德光環的人卻不一定能處理經濟政策、交通政策、教育政策。

而最嚴重的挑戰還在於，凡有道德光環的人都容易有道德潔癖：我純潔，你骯髒，因此我正確，你錯誤。在抗爭強權時，他也許曾經是那純潔的正確的，但是在改變了的環境裏，他不一定仍舊是那純潔的正確的，可是多年來他已習慣地信任自己的純潔正確。波蘭前總統華勒沙訪台，讓台灣人充分見識到他做為工人革命家的魅力，但是今天

波蘭人提到他時，卻要面露輕蔑地說，「哦，那個傻瓜呀！」他們覺得華勒沙的反對者魅力和工人知識已經不足以應付龐雜深奧的國家難題。但是華勒沙對自己仍舊信心滿滿。

反對者是不是有能力走在社會的前面而不拖在後面？反對者是不是保留了批判力，像從前檢討別人一樣地檢討自己？他是否不因權力而腐化，不爲奪權而墮落？在短短十年中，我們所目睹的「議會現形記」、官場中儼如宮廷政治的權力鬥爭和交易，以及知識分子的輕易收編等等，顯示的是我們反對文化素質和能力的薄弱。「革命不足以致治」，唉，何其真確。

至於「民族不足以有爲」，則未免妄自菲薄了。台灣的民主得以付諸實驗，怎麼說都是件不得了的大成就。而說它成就大，因爲我們知道它難度高。哲學家卡爾．波普（一九〇二——一九九四）在五〇年代觀察歐洲在戰後所建立的搖搖擺擺的民主時，曾經提出過警告：任何民主形式，如果缺少了固有傳統文化的支持，都是空的。民主只是原則，如何實踐則必須看一個文化本來的傳統是什麼性質。

台灣的選舉熱熱鬧鬧開展時，我常在鄉下看見同鄉會和宗親會的拉票活動，不能不想起波普的話。民主的形式我們是贏得了，但是它與我們什麼樣的文化傳統結合而實踐呢？布袋鄉的人選布袋鄉的，姓李的選姓李的。立委廖福本受了「委屈」時，他的南部「鄉親」要組遊覽車北上聲援他。議題是什麼可以不管，重要的只是他是個同鄉人。哇，傳統文化果然決定民主的實質內容。在這種結合下，十年中所選舉出來的民意代表有殺人不眨眼的黑道，有偷雞摸狗的竊賊，有偷窺女人內褲、口說髒話的下流痞子和財大氣粗、目中無人的土霸王；自由選舉出來的總統費盡心思打擊異己，擴充自己的權力。你和我，覺得驚訝嗎？

在十年實驗中，我對「民意」這個東西也有了新的認識。在威權統治下，民意受到壓迫和扭曲。依照「凡受壓迫的都是崇高的」這個定律，民意也戴著道德的光環，成為民主時代最受歡迎的英雄。政治人物以民意為武器打擊對手，社運人士以民意為後盾推銷理念，報紙老闆以民意為理由廢掉副刊。在民意的統治下，不同意見的聲音自動消音；這是個民主時代，民意至上的時代。

太奇妙了。在強人政權下，反對蔣家王朝、主張台灣獨立、推動閩南語、鼓吹女權運動、贊成同性戀等等都是被壓抑的聲音。民主之後，這些被長期壓抑的聲音一一躍為

主調，很好，可是在同時，不合乎主調的聲音卻變成了新的被壓抑者。民意張開一張「政治正確」的大傘，沒有多少人敢大聲地讚美蔣家父子，敢大聲地支持兩岸統一，敢大聲地批判閩南文化的新沙文主義之可能，敢大聲地批評女權運動或大聲地宣布自己不喜歡同性戀。讓我暫用「自由」和「保守」這兩個並不精確的字眼。如果說十年前是保守派當道的日子，自由派受到打壓，那麼十年後便是自由派掌權，而保守的言論受到抑制。我們從「什麼都不可以」的時代走進「什麼都可以」的時代，而反對「什麼都可以」的卻不可以。

換了一批人，換了一套思想作爲主流，可是壓抑異議的機制依舊。只是這一回，壓力不來自一個強權政府，而來自一個強權的「民意」。不，這不是我在八〇年代所想像的公平開放，理性辯論的民主環境。

而民意的強權並不比政府的強權不危險。首先是民意本身的可疑及不可信賴。很大一部分的所謂民意由媒體形成。威權政府曾經是媒體的共同敵人，這個敵人沒有了，媒體在自由中很吊詭地成爲自己的敵人：報紙老闆以一己的政治立場控制言論，政治人物利用媒體操縱輿論，電視唯利是圖不設下限地自我庸俗化，媒體記者因素質不夠而提供半真半假的訊息，因判斷力不足而做出誇大或偏頗的評論。民意的形成過程中有太多太多操縱做假的空間，此其一。

而民意即使是真實的，卻絕對未必是對的，此其二。歷史上的例子不勝枚舉。希特勒是靠著民意上台的，美國南方當年歧視黑人的法令是基於民意而寫成的，義和團殘殺外國教士時，旁觀的常有喝彩的鄉民。民意如果不接受批判又沒有自我反省的節制，可以形成可怕的暴力，帶來全體的災難。

對民意的批判從哪裏來？如果民意指的是大多數人的意見，那麼批判當然得來自少數人。民主的基本原則固然是「服從多數」，可是有一個不可或缺的下半句：「尊重少數」。在迷信民意、民粹主義越來越盛行的十年中，「服從多數」成爲信條，「尊重少數」卻被輕易遺忘。威權政府和暴力是明顯而易見的，「多數」的暴力卻往往隱於無形，因爲可能批判它的人，本身或許就屬於那多數而不察覺自己的霸道和粗暴。但是多數如果踐踏「尊重少數」的原則，它就是另一個形式的暴力集團，徹底違背了民主的基本精神。此其三。

我可從來沒有想到，在八〇年代鼓吹民意至上的人到了九〇年代竟會談起民意的危

險來；時代真的變了，問題也換了一套。如果反對者從前的責任是挑戰強權，熱辣辣地批判，他現在的責任可能是做那客觀而理性的「少數」，不嘩眾取寵，不被主流收編，對盲從性極高的「大多數」提供一個冷冷的聲音。我的同代人不知以爲然否？

和許許多多改革者、革命家一樣，我曾經天真地以爲專制政權被摧毀之後，自由就有了保障。十年回首，才知道那不過是個謙卑的開始。當人民自己掌握了權力而他對權力的相對責任了解不夠時，他對自由的威脅和專制政權一樣大。但是如果十年民主後的台灣顯得混亂，我們的結論不該是民主制度不好，而是我們的民主體質不夠成熟，不夠健全。太著急，大概也不必吧？想想，法國大革命發生在兩百年前，而我們，畢竟也才只是十年罷了。但是一步一個腳印，不愧對歷史。

一九九七年一月一日

台灣，一九九七

計程車在等候紅燈。望出窗外，嚇，並肩的一輛車裏，一對男女正在打架。駕駛位上的男人用手撕女人的頭髮，女人扭曲身體，手中一把雨傘猛刺著男人。綠燈亮了，車子往前滑去，才看見那是部賓士車。

計程車裏的廣播用不帶感情的聲調說，北上的自強號列車脫落了最後五節車廂。想像著半截列車往前衝刺，半截列車掉在荒野中，像卡通片裏的情節，我大笑出聲。計程車司機也在哈哈笑；他笑什麼我不清楚，我笑，是因爲台灣充滿了卡通式的不諧調，令人愕然。

外來的訪客對九〇年代的台灣往往覺得摸不清底細：它究竟很現代還是很傳統？先進還是落後？已開發還是開發中？文明還是野蠻？它的文化面貌究竟是什麼？

我記得二十年前去六龜的感覺：山路崎嶇、路途遙遙。二十年後再去，發覺只是一步之遙。和在柏林、華盛頓、倫敦一樣，我們在高雄機場租了輛車，順著高速公路的指標，看著手裏攤開的地圖，兩小時後，已經輕輕鬆鬆到了我心目中偏僻無比的六龜。台灣已經有了與世界同步的汽車文明。

可是在最現代的公路旁，你會看見歐美絕對沒有的一片亂葬崗。橫七豎八的土墳隆起，壓上幾塊石頭；墓碑草率得連生死年月都懶得刻上。撿了骨的墳坑空著，露出深陷土中的腐朽棺木。來撿骨的子孫甚至懶得清走棺中殘留的黑色壽衣；掀開的棺蓋隨手棄置，也不在乎就壓在另一堆墳土上。野狗撕裂了壽衣，棺蓋上灑著鳥糞。來掃墓的人在泥裏一腳一個坑，時不時要滑進別人腐爛的棺木裏。

亂葬崗的邊緣有根水泥柱，細看之下，刻著「美濃第九公墓」幾字。公墓？你搖搖頭，覺得不可置信。然後鑽進那租來的豐田汽車，繼續前行。

回到高雄，這港都的氣魄令人心胸一寬。和擁擠老舊的台北多麼不一樣；這個城市有敞闊的大道、整齊的建築、悅目的公園。它還有一個海港，使它和紐約、鹿特丹、漢堡、開普頓一樣吞吐著海洋的文明，面對最寬闊的世界。

南國艷麗的陽光將椰樹和摩天大樓的影子投在筆直的大道上，你正覺得這真是一個美好的現代都會，卻看見汽車直闖紅燈，一輛接著一輛。走過幾個路口之後，你就知道了：原來在高雄，紅燈是拿來作參考用的。

在如此現代的都市裏，怎麼會這樣呢？還沒想完，高雄人告訴你，他們幾百萬市民買水喝已經買了好幾年。水龍頭流出的水沒人敢喝，沒人敢拿來泡茶、煮麵、洗菜。每一個家庭每個月要花好幾千塊錢買水。

別的車子呼嘯而過，你的車在紅燈前停下來，爲的是有時間倒抽一口涼氣。什麼？這個現代大都市的水不能喝，已經幾年，而市民不曾舉行百萬人抗議遊行，而市政府照常開門上班？當喝淨水這個基本生存權都被剝奪的時候，這個都市竟然沒有暴動和革命？

沒有淨水可喝的都市。有那麼一剎那，你以爲你在孟加拉。

可是這明明是一個最前進的中國人所建立的社會。台灣不僅有與西班牙不相上下的物質水準，它更神奇的發展出五千年來第一回的民主政治。人們熱血奔騰地參與總統大選，帶著一種南美人玩嘉年華會式的亢奮。多麼難得，五千年來第一回！

可是現代民主在這裏又透著些許奇怪。候選人以「辦桌」的形式請客;披著大紅桌布的圓桌圓凳、霸佔著公共空間的塑布棚、熱氣沸騰的大鍋大灶大碗……像婚嫁喜慶、小兒滿月。你狐疑地想:這哪裏像是提出公共政策的地方?

事實上,誰也不在乎什麼公共政策。候選人與選民之間有一套與公共政策無關的默契;他們彼此尋找的是彼此之間同鄉、同學、親戚等等血緣地緣的關係。民主選舉,只是一種新的形式,形式下的內容仍舊是農業時代的「辦桌」文化。

於是你會讀到廖福本之流如何如何介入黑道關說,而他的雲林「鄉親」百人要組織北上來保護廖某人。你讀報錯愕:這是什麼民主?社會公義、公共政策在哪裏?

不在哪裏。在「辦桌」文化中,鄉親關係的考慮遠遠超過任何公共議題。只是在民主的表面上,你一時看不出底層的真相。

狗吠。不斷的凶猛的狗吠,在午夜,在某一個鄰居的院子裏。我翻來覆去,疲憊不堪。狗吠聲像有人用針刺我的腦袋,我頭痛欲裂。

怎麼可能?在那麼現代的大都會裏,在一個小巷裏有路燈、轉角處有郵局、大人坐飛機去香港採購,小孩在書房中玩電腦網路的大都會裏,怎麼可能讓一隻狗在午夜一小時又一小時的狂吠？我到底在哪裏？這是什麼城市？

在利齒吠聲中不安地睡去，又被震動耳膜的擴音器驚醒；才五點，辦喪事的電子琴音樂從天而降，聲音大得使頭上的燈罩微微顫抖。我閉上眼，隨著音樂擬想那我自小熟悉的靈前的儀式：哭調、招魂曲、和尚誦經、道士搖鈴……。牛角聲響起時，我想像那臉上塗著白粉扭動的身軀……。

「雖然是現代科技的濫用，」我對因爲噪音而煩躁不安的朋友說，「可是傳統還是有意義的。」

「傳統？」朋友粗聲粗氣地回答，「什麼傳統？他們在放錄音帶！」

懵懂的時候

1

街道是空的，空下來讓英雄行走。人羣密密麻麻擠在兩旁，踮起腳尖，伸長著脖子，眼睛望向遠伸的空街，充滿興奮。頭上烏雲密布，暴雨急打下來。

十六歲的瑞典少年夾在情緒緊繃的德國人羣裏：「沒人在乎那暴雨，所有的熱切、所有的光榮，集中在一個人身上。他站在黑色的車上，慢慢駛進廣場。他看著那大聲呼喊淚流滿面中了魔似的羣眾……他踩過紅地毯，步上講台。突然之間整個安靜下來，只有雨打石地的刷刷聲。領袖，說話了。」

「我從來沒見過那樣強烈的情感爆發，」瑞典少年說，「我和別人一樣大聲歡呼，一樣舉手行禮，一樣感動地大哭，一樣愛死了這一切。」

這是一九三四年的德國古鎮威瑪，怎麼讀起來似曾相識？

「後來毛主席就出來啦。要說真納悶啊，毛主席剛一出來的時候沒聲音，震住啦呀，你說天安門多大地方啊，上百萬人，大概有這麼幾秒鐘，一點聲音沒有。毛主席剛一過金水橋，有人第一聲一喊，整個聲音就起來啦……周圍的人全哭啦，我也哭啦，全哭啦就是啊……後來喊得嗓子都啞啦。」

嗓子喊啞了的紅衛兵沒入人海，在集體命運的驚濤駭浪裏不見了蹤影。我們在二十年後又發現了他，他正對一個採訪作家傾訴自己：「但我也恨，恨那時教我們盲從，教我們單線思維，不會多項思維，不會逆向思維。」

激情和信仰在二十年後轉變爲恨；恨，再沉澱二十年，要變成什麼？很難說吧，也許絲絲吹散走向虛無，也許重重積壓等待引爆，但是它不會消失。年輕時發生在我們身上使我們一夜之間突然長大的那些事情，不管願不願意，在發生的那一刻即已成爲我們自己的一部分。日後在我們以爲早已擺脫或相忘的時候，它就在我們最漫不經心的一瞥

中突然湧現，竟然已經成爲我們看出去的眼瞳。

瑞典少年帶著滿腔憧憬烏托邦和偉大的激情回到故鄉，發現他身邊的人和他一樣地雀躍。長他數歲的哥哥成立了瑞典納粹黨，身爲牧師的父親以投票支持。他的老師每年夏天趕到德國去參加黨衛軍開會，他的親戚長輩們在茶餘飯後熱烈地討論納粹德國的美好。

十多年之後，當人們終於不再懷疑納粹確實屠殺了數百萬猶太人的時候，印格瑪還固執地說那是反納粹的惡毒宣傳。等到證據堆積如山，多到他啞口無言的時候，他就陷入一種絕境：他開始懷疑所有曾經信仰過的東西，而且對他自己，充滿了蔑視。

2

印格瑪出生在一個牧師的家庭裏。牧師將他宗教信仰中人臣服於神的關係直接運用到家庭中，形成子臣服於父的關係。犯錯、處罰、懺悔、贖罪，是印格瑪的烙印。

若是濕了褲子，小小印格瑪得整天穿著一條小紅裙作爲一種羞辱。犯了錯，家法是一支撲打地毯灰塵的藤條。孩子脫下褲子，趴在地上一個墊子上，被按住頭和手腳，然後由父親施刑。藤條過處，皮開肉綻，再去上藥。較輕一點的懲罰有多種形式：不讓吃飯、打手、撕頭髮、禁聲禁足。

或者，被關進一個漆黑的壁櫥裏。傭人告訴孩子，櫥裏藏著一種專門吃孩子腳趾的動物。印格瑪恐懼得全身發抖，死命地攀著頭上的衣架，蜷起雙腳；小小的人就吊在半空中，在黑暗裏。

印格瑪的哥哥個性倔強，做父親的遂以最堅強的毅力粉碎兒子的抵抗。孩子幼小時毫無自衛能力，常被打得頭破血流；長大時，就試圖以自殺逃避壓力。印格瑪的妹妹深受溺愛，這種溺愛又使得妹妹完全放棄自己的意志，以之博取父母歡心。

印格瑪自己？「我的應付辦法是把自己變成一個騙子。我外表是一個人，內在是另一個人，兩者之間沒有一點關聯。」爲了應付父母的極權統治，印格瑪製造出一個替身，讓這個替身去說謊、欺騙，使印格瑪的內在自我得以躲在一個較安全的角落裏。

大約在這個時候，印格瑪發現了電影這個東西。從完全的虛幻中，光影交錯可以織出真實的人物和動作。幻想與現實、替身與真身之間的分野更模糊了。還沒有人知道，

這個老把幻想當真、真當幻想的孩子，印格瑪．柏格曼，日後要成爲二十世紀最重要的舞台劇和電影導演之一。

3

我在思索爲什麼柏格曼的自傳如此令我震動。他所呈現的人生美麗得令我發熱而真實得令我發冷。真實，是把骨頭敲碎了讓你看裏頭骨髓的紋路。美麗，你不能不承認在那樣深刻的真實裏美是自然迸發的存在。七十歲的柏格曼回看自己的眼光像個錄影機，不帶一絲感情。跟著鏡頭走，彷彿在看一個法醫解剖一個路死者的屍身，喏，這兒是血管，那邊是腿骨。

能夠這樣美麗而又冷酷地觀看自己的人，我渾身發涼地想，必定是一個對自己毫無好感的人吧。

蔑視，對自己的蔑視，記得嗎？當替身印格瑪在說謊的時候，真身柏格曼在一旁冷笑：你，在說謊。當柏格曼拋棄一個生病的妻子時，他對自己說：你本來就是個不懂愛和責任的壞胚子。「我不信任何人，不愛任何人，不缺任何人。」

做爲孩子的印格瑪不曾經驗過胸襟開敞、流動自然如春風的愛，我不奇怪他成長之後缺乏愛的能力；他非但不能愛別人，他甚至無法愛自己。那麼，啊，我明白了。

他的每一部電影創作其實都是一小塊自傳，正如他的七十自述其實是一部總結的電影。不管是透過鏡頭或筆，他都在面對那個分裂的自己，試圖理解他、接近他。

法醫解剖路死者的屍體也是一種理解、接近的方式。

沒有體驗過愛的印格瑪，只好這樣尋找自己的靈魂。

4

和愛一樣，自由也是一種胸襟敞開、自然流動如春風的東西吧？

許多年許多年後，柏格曼突然想通了爲什麼他和他的家人會那樣擁戴希特勒。「我們從來沒聽過自由這個詞，從來沒嘗過自由的滋味。在一個權威體系裏，所有的門，都是關著的。」

柏格曼推開門，走了出去。有一次，他的父親在盛怒之下要打他，他說：「別打，你打的話我也要揍你了。」他的父親一拳揮過來，做兒子的三拳兩腳就將父親打倒在地，從此離家。

在封閉的空間裏，以暴制暴似乎是彼此逃不掉的互動原則。走了出去。嘗到自由滋味的柏格曼再也不回到門裏去。一九六八年，歐洲學生掀起「文化大革命」，手裏抖動著毛語錄在他的劇院外喊叫示威。柏格曼不爲所動：「我蔑視這種我從小就看見過的狂熱。同樣的激情，只是換了吼叫的內容而已。」

帶著輕蔑的眼神，他終生不談政治。

5

不會消失的。年輕時發生在我們身上使我們一夜之間突然長大的那些事情——在羣眾裏流下的眼淚、被堵死的令人心口發痛的渴望、壁櫥裏看不見的囓齒動物的蠢動——在發生的那一刻即已成爲我們自己的一部分，不管我們願不願意、自不自覺。單向思維或逆向思維、怨恨或深愛或漠然，都有它深埋的脈絡，在我們懵懂的時候。

崇明島在哪裏？

翻閱文匯出版社印行的《二十世紀上海大博覽》，在一九四〇年九月的那一頁讀到這樣的新聞：

「八月上旬，堅持抗日的游擊隊襲擊駐崇明的日軍，激戰二小時，殲滅日軍十餘人。日軍敗退，向上海求援，援軍又中游擊隊埋伏，被殲一百餘人……日軍惱羞成怒，對崇明無辜百姓下毒手。先是殺死自衞隊的（汪政府）僞軍一百餘人。繼之對強明鄉、日新鎮、大橋鎮等地壯年男女實行屠殺，除七、八十歲的老人和六歲的幼童外無一倖免，總計被殺七百餘人。所有的房屋被澆上汽油焚燒。頓時島上火光沖天，哭聲遍野，慘絕人寰。近日逃離崇明來滬的難民達一千餘人。」

歷史何其相似。一九四四年三月二十三日，一個二十二歲的義大利共產黨游擊隊員打扮成清潔工人的模樣在羅馬街頭掃地，就在德國納粹總部門前。他點燃了引線。這一場爆炸，炸死了三十三個納粹士兵。

死一個德國人，要十個義大利人來賠。德軍需要三百三十個本地人。他們從監獄裏拖出三百二十個「犯人」——反抗納粹統治的地下工作人員、違反了宵禁時間的十七歲的少年、七十三個猶太人，還有一個容許猶太人進到自己餐館來吃飯的餐館老闆。還差十個人，德軍就到街上民宅裏去拖出。

三十一歲的納粹連長，名字叫普瑞布可，面對著三百多個義大利人，核對手裏的名單點名；點到一個就用筆在名字上勾一下。名點完了，發現事實上多出了五個人。這五個人如果放走，就變成證人。於是三百三十五個人一起，最年輕的十四歲，最年長的七十四歲，兩手反綁，跪下，機關槍掃射，死亡。仍是三月二十三日。

人死，還有滅跡的工作。德軍將屠殺場所引爆，一瞬之間，所有的屍體埋在瓦礫之下。幾天之後，惡臭開始流到羅馬大街上，德軍便將一卡車一卡車的垃圾拖來傾倒，以腐菜的臭味遮掉屍臭。

歷史也許相似，現實卻相差極遠。日軍在崇明的報復屠殺不再有人記得，不再有人提起，德軍在羅馬的暴行在半個世紀之後，卻仍是歐洲報紙的頭條新聞。

一張老人的臉孔，臉上佈滿老人斑。當年下令開槍的納粹連長，現在是一個八十三歲的老「紳士」了。五十二年來，他改名換姓住在阿根廷，經營肉鋪生意，設立德國學校。今年五月被逮捕，七月在羅馬法庭受審，旁聽席上坐滿了各國記者、關心的市民，當然，還有當年被害人的家屬。普瑞布可進場時，旁聽席上一陣騷動，「凶手！」有人大喊。

一個七十五歲的老婦人在庭外說，「我恨不得用我這隻手把他掐死！」一九四四年，當她的丈夫被衝進來的納粹士兵拖走的時候，他們結婚還不到三個月。「他們連十幾歲的孩子也不放過。普瑞布可現在說他老婆病重，需要他照顧；要我來說，他就是活該離開他老婆到義大利來死！我孤孤伶伶活了五十二年，五十二年來就等著今天！」

普瑞布可爲自己辯護說，他也只是奉命行事；如果他抗命，他自己會被處死。爲了駁倒這個說法，柏林一位軍事歷史學家，一個德國人，專程來到羅馬作證：就他的研究來看，沒有人因抗命而受死刑的，普瑞布可其實可以不讓三百三十五個人槍斃；他確實是個劊子手。

爲納粹連長進行辯護的反倒是個義大利律師。他對柏林的軍事學者嗤之以鼻：這一代的德國人熱心過頭地追剿納粹，其實是在以懲罰上一代來清洗自己的良心，讓自己的自我感覺良好罷了。

民族情緒被這場歷史的審判給煽熱了；在羅馬人熱切的街談巷議中，柏林歷史學家是「好」德國人，普瑞布可是「壞」德國人。難得有幾個人像愛維亞那樣想。愛維亞是「解放歷史博物館」的館長。她在庭上描述當年的丈夫如何被普瑞布可拳打腳踢，「但是，」她說，「我也認識一些納粹士兵悄悄將犯人從後門放走。評判人要評判個別的個人，不能以整個族羣來論斷，一竿子打翻一船的人。」

八月，讓羅馬人每晚圍著電視目不轉睛的審判終於結束了；義大利法庭認爲五十二年超過了法律上的追訴期限，普瑞布可無罪釋放。作出這個判決的義大利法官絕對是個爲了原則不怕死的人。羅馬市民衝進了法院，四處打砸。法官拒絕沒有尊嚴地從後門溜走，就被困在法院中，靠警察保護。普瑞布可在層層警衛的護送下，邁往自由。

他的自由只有幾個小時的時間，因爲德國法務部，在聽說他被判無罪開釋的同時，

立即發出了通緝，要求義大利警方將普瑞布可引渡德國受審；義大利警方不得不在當天又將普瑞布可送回監獄，等候下一步的發展。

八十三歲的普瑞布可此刻坐在牢獄裏，躲不掉歷史的審判。在電視上我卻看見另一張也是佈滿老人斑的臉孔，是一個日本人。普瑞布可槍斃義大利人的時候，這個日本人和他的部隊正進入菲律賓的叢林裏，迷了路。好不容易找到了一個土著的村子，卻尋不到任何食物。日本兵開始殺人；殺了土著父母，然後要被殺者的子女將父母的屍身剁塊煮熟。日本兵自己飽食之後，便強迫土著吃食自己的父母。

「我不得不吃，」接受訪問的一個土著老婦人說，「我只有十幾歲，我吃了就一直嘔吐，我們是不吃自己父母親的。」

電視上衣冠楚楚的日本老者低下頭說，「我很懺悔我們的過去。我在戰後變成一個基督徒。」

日本老人的臉孔和普瑞布可的臉孔疊在一起，我抹抹眼睛，仍舊看不清罪與罰的脈絡。我曾經認爲懲罰一個生命臨近終點的人是沒有什麼意義的；一個社會，即使是一個受了重創的社會，要懂得寬恕的人生哲學。可是當我一再地看見獨裁者暴虐他自己的人民、侵略者屠殺別人的族羣，殘暴的歷史一再地重複又重複，我認識了讓普瑞布可老死獄中的沉痛意義：他的下場必須讓所有未來的和現在的暴虐者引以爲鑑。當我們使暴虐者相信他的作孽逃不過歷史的終極審判時，他在下手前或許要靜思片刻。那個片刻，要決定光明與黑暗。

日本老人的懺悔，對那些被殺害的人來說，未免來得太遲，未免來得太廉價。

而崇明島的居民，誰還記得他們嗎？他們可還記得自己？崇明島在哪裏？

反省之可疑

有許多似乎大家都已同意的結論，深思起來，其實可疑。

只要提到戰爭責任，不論是大陸人、台灣人或香港人多半會走到一個結論：德國人懂得反省自責，日本人死不認錯，民族性差別甚大。

表面上在客觀地談民族性，真正蠢動的是中國人對歷史不平的憤懣，像餘燼在冷卻的壁爐裏兀自閃著火光。

我對這個簡單的對比非常懷疑。在「日本人不知反省」這個論調裏，有多少是客觀的現象，有多少是我們主觀的認定？身爲中國人，我們都知道日本政府將教科書中的「侵略」改成「進出」，並且爲之義憤填膺，但是有多少人知道家永三郎爲了教科書這種改動而控告日本政府，訴訟鍥而不捨進行了一二十年？我們也都知道哪一個日本官員又到靖國神社參拜去了，並且爲之大大抗議，但是有多少人注意今年四月發生在日本愛媛縣的事情？

愛媛縣政府在一九八一至八六年間，每年由公款支付靖國神社大祭的「玉串費」和慰靈大祭的供物費。愛媛縣民認爲這種公款支出違背了日本憲法二〇．八九條「政教分離」的原則而對縣政府提出控告，要求退回公款十六萬六千日圓。案件經過地方法院一審、高等法院二審，到最後最高法院法官以十三比二的比例判定愛媛縣政府違憲，必須抽回公款。

錢的數目非常小，但是判決的意義非常大。顯然日本人也有很多種：有人藉著靖國神社的慰靈來閃避與歷史的尖銳面對，也有人不爲靖國神社所代表的民族意識所惑，堅持政教的分離。然而爲什麼中國人只記得前者而忽視後者？這種有選擇性的記憶是不是反映了中國人的主觀意願？選擇出來的細節當然是片面的，它究竟證明了「日本人不能反省」或者只是加強了我們對日本人原有的成見？

司馬遼太郎的《台灣紀行》令人反感有一個重要原因：在他筆下，好像所有台灣人都是精通日語、懷念日據時代、喜愛日本文化的。我們知道那只是台灣人的一種。司馬缺少一個文化觀察者不可或缺的警覺：他的採樣選擇是否受他主觀情感和意願的影響？他的採樣有多大多廣的代表性？

當我們說「日本人不反省」的時候，我們的採樣是否客觀？我們在說哪一種日本人？這一種日本人在他的整體社會中佔多大比例？除了家永三郎和愛媛縣民之外，是否還有別的個人或團體不同意官方的歷史觀？他們又有多大影響？我們是否充分認識日本社會裏的多元性？

也許日本人不能反省是一個事實；但是在我們能切實回答這些問題之前，我們不能驟下斷語。畢竟方法如果不周全，任何結論都是可疑的，不是嗎？

「德國人懂得反省」又是不是一個客觀的事實呢？我覺得不那麼簡單。

對第一次大戰的戰敗，德國人的反應是屈辱與不平。後來希特勒的崛起與戰敗德國人希望重新振興國威的心理很有關聯。二次大戰後，所謂反省也要等到六〇年代末學生運動開始向傳統挑戰之後才能展開。也就是說，日耳曼人對戰爭的反省與其說是民族性所塑的必然態度，不如說是歷史條件的促成。

原子彈落在長崎和廣島，就是一個歷史條件。由於原子彈所造成的人類歷史上前所未見的浩劫，遂使原本是侵略者的日本人同時成爲受創深重的被害者。要一個單純的兇手懺悔容易，要一個兇手兼被害人懺悔，就困難了，因爲他覺得「我固然負了別人，別人也負了我」；歷史的罪與責他不能輕易釐清。

德國人的反省本身也是一個層次複雜的東西。當一個德國人對自己的過去毫不留情地大加鞭撻時，他可能是一個最具自我批判性、最清醒的春秋史家，但是他也可能是一個戴著面具的文化沙文主義者；他會告訴你史達林、毛澤東、高棉波帕殺人如麻，都情有可原，因爲他們的社會本來就是，嗯，野蠻社會，可是德國是貝多芬、巴哈、歌德的國度，納粹的暴行因此罪不可赦。當他說德國人的罪行舉世無雙時，他沒說出口的話是：德國人的文明高度是舉世無雙的。

他的反省看起來是謙卑，其實是傲慢。

歷史條件更少不了政治現實。德國人懺悔對象是猶太人——戰後團結起來聲大勢大的猶太人。同樣被屠殺幾近滅種的吉普賽人卻鮮少有人提及。誰都知道「六百萬」這個數目，可是誰知道吉普賽人被害數目？吉普賽人沒有組織、沒有勢力、沒有聲音。反省，顯然不是一個單純的道德問題，它可能更是種種政治勢力較量的產物。

在這個層面上，中國人自己有太多現成的例子。文革和六四爲什麼不做反省？是「中國人不反省」的民族性使然嗎？未必。恐怕更因爲造成文革和六四的政治勢力仍舊掌握政治勢力。台灣的二二八事件爲什麼得到平反？五〇年代白色恐怖的犧牲者爲什麼還得不到補償？因爲前者配合台灣目前的政治現實，而後者還沾不上政治利益。

所以，當我們看見李登輝總統率領官員在二二八紀念碑前鞠躬致敬時，我們能下什麼結論——台灣人能反省？台灣人不能反省？

恐怕什麼結論都不能下。在反省和不反省的背後隱藏著一層又一層的文化、歷史、政治的條件牽制。在看清這層層的牽制之前，我不敢下中國人能反省或不能反省的結論。表面上，我們看見德國總理在猶太人的墓前獻花下跪，也看見日本政府對戰爭索賠和慰安婦的控訴躲躲閃閃；相比較，中國人更是憤憤不平。我倒是覺得，在憤怒之前，我們或許應該將憤怒的對象真正理解清楚：他的躲閃，做爲一種文化行爲，應該如何詮釋？做爲一種歷史現象，其成因爲何？我們自己的行爲是否爲成因之一？

「德國人能反省，日本人不能反省」？可能不那麼簡單。

鄧家的孩子

電話在清晨三點響起，我披衣而起，心頭冒火；又是哪個不顧及時差的傢伙，真可惡。

是副刊編輯。我們的談話這麼開始：

「這個時候來電話，你神經病嗎？」

「你知道鄧小平死了？」

「知道。」

「鄧小平死了你還睡覺？」

「當然。他死跟我有什麼關係？」

電話響時，我並不在睡覺。七歲的孩子感冒發燒，我一會兒拿水，一會兒拿藥。用

毛巾爲他拭汗，輕聲給他講個故事，又把他抱在懷裏哄他入睡。鄧小平有什麼重要？我的孩子發著燒呢。在這個北風呼號的冬夜，什麼人能比我發燒的孩子重要？

孩子發出均勻的呼吸聲，熟睡了。我又回到書房。當然，鄧小平的死，當然與我有關，與我們有關。

歐洲的晚間新聞閃過兩張畫面：黑白的一張是二十世紀初的中國，拖著辮子穿著布鞋的中國苦力在街上拉車，「那是鄧小平所承繼的中國。」一張是二十世紀末的中國，紅男綠女奔忙在上海繁華的街頭，「這是鄧小平所留下的中國。」

這個人的生命幾乎橫跨一整個世紀，你和我有幸目睹的這個世紀。如果我們不把熟悉的一切視爲理所當然，如果我們仍有能力以新鮮的眼光去看二十這個世紀和中國這個民族，我們會驚訝歷史的道路如何地坎坷曲折。

即使是鄧小平，原來也只是一個中國孩子。他出生沒幾個月，日俄戰爭就爆發了，在中國的土地上。傳教士來到這古老的文明國度，看見的是人們趁著黑夜丟棄在城郊的棄嬰，有死的，有活的。那能活下來的，就被拾進教堂被培養成教徒。路上到處有面黃肌瘦的乞兒，長著皮膚病的、瞎了眼睛缺了腿的。

前行三十年。在一九三六年有個叫薛紹銘的人在貴州旅行。在郊外路旁看到一個死孩，頭與腳全被刀斬斷，血還在滲滲地流。當地人相信，幾胎兒子都因同樣的病死亡，一定是惡鬼投胎，所以一定要在這個病孩未死之前將他頭腳鍘斷，拋之荒野，使惡鬼沒有再度投胎的可能。

那是貧窮、愚蠢、迷信的中國。再向前走三十年，我們到了致命的一九六六年。一個「反革命家屬」生產之後和嬰兒睡在冬天光光的地板上，棉被已被剝奪。「別人不敢沾我們反革命家屬，找不到托兒戶，托兒費也出不起。我把他關在小屋裏去上班。有一回鄰居大娘告訴我，你們孩子渴了就去舔墩布上結的冰柱子。」

多少孩子死在六〇年代，因爲飢餓，更因爲政治剝奪了他們生存機會。在六六年，鍘斷孩子的頭腳的是另一種迷信。更可怕的迷信。

又過了三十年，走到世紀末，仍舊有窮得衣不蔽體的孩子，但是多了很多兩頰豐潤眼睛明亮的學童。自從那個生在四川的鄧家孩子說出「不管黑貓白貓，只要能抓老鼠就是好貓」的話之後，中國人像熱鍋裏爆炒的栗子，活潑起來。如果不是天安門的陰影，西方媒體恐怕早已經用了「偉大」這兩個字來形容鄧小平。

但是我一點兒也不想談鄧小平。他死了，成爲一塊墓碑，面向即將過去的世紀，而我們，還有我們的孩子，卻要面對未來那開展在眼前的新世紀。鄧小平的終點是我們的起點；那承先啟後的接棒者心中有怎麼樣的一個藍圖？

海峽兩岸的中國人也許什麼事都得辯論，因爲他們看法太不一致了，但是共同的感覺是有的：我們都厭倦了政治激情和高調，我們也都不再信任意識型態和權力。做爲一個老百姓，我相信國家大事得從芝麻小事做起；做爲一個養兒育女的人，我認爲「中華民國」或者「中華人民共和國」或者「台灣民主國」都遠遠不如「中華兒童福利國」來得重要。在我的呵護下長大的孩子將是二十一世紀裏決定人類命運的人。沒有人能告訴我，我所關心的婦孺之事不是天下第一大事。

如果說，鄧小平使多數的中國孩子得到衣食飽暖，鄧後的領導人能給中國孩子什麼？他們是否會有公平的機會接受教育？他們是否能在不受空氣污染、核子試爆的危險中健康而安全地長大成人？他們是否因爲有成人爲榜樣而成爲正直而誠實的人？他們是否知道貪污就叫貪污、腐敗就腐敗，不管什麼叫做權宜之計？他們是否有機會和西方國家的孩子一樣吸收各種訊息以致於他們將來有能力與西方人競技？他們是否能免於政治的愚弄與操縱，是否能充分發展獨立思考和判斷的能力，是否能人盡其才地追求不經扭曲的知識，以致於他們將來能夠主導自己的命運？

鄧後的領導人能給二十一世紀的中國孩子什麼？一個遮遮掩掩、充滿謊言的世界，使孩子們永遠只知道半部歷史、只擁有半片世界觀，對外面的天地處處感覺自卑和不安；或者一個海闊天空的大世界，讓中國的孩子有機會成爲頂天立地、心胸寬舒的、爲人類大前途共同扛起責任的世界公民？

你給香港的孩子答應了什麼？

你能給台灣的孩子答應什麼？如果台灣的孩子不願讓人牽著手走路，寧願自己跌倒，自己奔跑，你說什麼？

接下來的幾天，世界媒體會日日夜夜地報導「鄧小平之死」；中國儼然仍是一個皇朝，一個人的死要震動天下。不，給我一個治國藍圖，在那個藍圖中，任何領袖死了也不如我發燒的孩子重要。那就是一個我可以接受的國家。

一九九七年二月二十日

抵禦靈魂的大崩潰

我的眼睛一亮。

柏林圍牆倒塌之後，曾經開槍射殺越牆「叛逃者」的東德士兵被控以殺人罪受審。法官宣判他們有罪，理由是：東德國法固然給予士兵射殺權，但是「汝不可殺人」是一個良知的認定，而良知超越國法。

良知超越國法？我的眼睛一亮，這豈不是王陽明的「致良知」體現在二十世紀？

馮驥才的文革資料中收過一個例子：不忍見父母繼續受紅衛兵的折磨，一個女醫生因此用小刀割了父親的頸動脈，然後和母親一起從三樓跳下自殺。重傷的母親送到醫院，醫院以她政治出身不好而拒收，讓她慢慢流血至死。

良知，你的良知、我的良知、王陽明的良知，在一九六六年的中國，哪裏去了？

五月十六日，一九九六年，文革三十周年的紀念日，我讀《大崩潰——上海工人造反派興亡史》，逐字逐句地讀，思索著我的問題。這本書，揭露的不是上層政治的勾心鬥角，而是下層羣眾的運動型態，以上海一地工人造反派的興衰作爲標本去理解文化大革命的體質。

作者有一面放大鏡，在放大鏡下，呼聲一致、眉目模糊的羣眾中就浮現出一張一張清楚的面貌來。名叫王洪文的棉紡工人爲什麼會貼出工廠裏第一張馬列主義大字報？因爲他想升官沒升上，心存不滿。名叫馬天水的上海市委書記爲什麼突然加入造反，背棄了自己的同儕？因爲他及早發現鼓動造反的一夥人才是新的權力所在。負責市委寫作班的知識分子徐景賢爲什麼不惜用筆桿置人於死地？因爲他可以趁造反的青雲更接近權力的核心。

顯然是權力的慾望使人昧了良心。文革前，權力的取得還得經過一種固有的程序；文革的出現，意味這個程序的取消，「奪權」的叢林規則上場。人的弱肉強食的獸性受到鼓勵而勃發。昨天還遵循著文明的儀式，點頭問好、鞠躬致謝，今天就可以你死我活，血流遍地。文明與野蠻，只是一線之間。良知蒙昧的一刻，就是野蠻的開始。

可是權力欲望哪一個社會沒有？為什麼在一九六六年的中國就必得以全民瘋狂的方式呈現？《大崩潰》裏的小細節像拼圖的小碎片一樣，慢慢地露出主線輪廓。在極權的組織結構裏，有了權力就得到一切，沒有權力就失去一切。在工人造反的過程，所有的人都被卡在權力的機器裏，選擇擁有一切或失去一切。因爲是「一切」，所以不得不用靈魂去換取。大崩潰，在那樣一個權力絕對集中的體制裏，有其內在的必然性。

那殺氣騰騰的造反派頭頭們固然多屬利欲薰心之徒，他們身後那跟著搖旗吶喊的人又算什麼呢？作者心存忠厚：「紅衛兵是因爲幼稚而受騙……幹部是因爲忠誠而受騙……人民則因爲善良而受騙。」幼稚、忠誠、善良，難道不也是「愚昧」的美稱？因爲不明白權力的運作所以幼稚；因爲看不見弄權者的真面目，所以忠誠；因爲不知道自己的權利，所以善良。這些人被剝奪殆盡的，是他們個人獨立判斷的能力。是非善惡，無非判斷。沒有這種能力，又哪裏有良知可言？

如果，和東德士兵一樣，那當年逼人跳樓的紅衛兵、那眼睜睜讓病人流血致死的醫生，也要受審，中國人的判決書要怎麼寫呢？

如果說，歷次政治運動使中國人不得不一次次放棄自我，那麼這一次文化大革命則是對自我的完全否定。整個民族自覺自願地把自己的命運交給一個人支配，以至於文化大革命結束後，歷史甚至無法對大多數人的行爲作出道德判斷。因爲失去了「自我」的行動主體，已經不具備承擔道德責任或歷史責任的力量。

無數個零的總合，還是零。

作者的「判決書」看起來似乎在爲被審者推卸責任——他們沒有能力爲自我負道德責任；其實是一個萬劫難復的沉重審判。一個民族墮落到只是「無數個零的總合」，那才是靈魂的自我消除。

《大崩潰》的放大鏡讓我看見少數的小人如何躍上舞台，看見所謂「沉默的大多數如何從猶疑觀望轉爲跟隨擁護，使原來屬少數的小人頃刻間變成風從雲湧的多數。我並不驚訝。「小人如惡草也，不種而生，去之復蕃……小者復用而肆威，大者得志而竊國。」飽受政治迫害的蘇東坡可以將文革的權力鬥爭理解爲一部「小人竊國記」。

使我震動的，卻是從《大崩潰》中再度被提醒：迫害者與被迫害者絕對不只是上與下

的關係——在上的當權者迫害在下的善良老百姓和老實的知識分子。不，善良百姓往往彼此迫害更烈，知識分子往往互相殘殺更甚。只有那自殺的人（作者指出，傅雷夫婦自殺的那個月份中，同區裏有九十多人自殺），或者是怯懦者無法苟活，或者是勇者在實踐蘇格拉底的良知哲學：「寧可受人之不義，不願施人予不義。」

施人不義者存在於各個階層，工人、學生、街坊鄰居，而知識分子爲害尤大。上海市委寫作班的文人爲當權服務，以知識爲工具，在工人背後搧風燃火，剷除異己，似乎印證哲學家卡爾．波普（Karl Popper）的說法：「千年以來，知識分子作惡最大。大屠殺都是以思想、教條、理論、宗教而師出有名的——這些全是我們的作爲、我們的發明。」

波普的「我們」不能包括那自稱爲農民或工人的毛澤東。他抱著一個「理論」：「天下大治」的達成，必須經過「天下大亂」。文革，不過是一個「理論」的實驗。千千萬萬的中國人就埋葬在一個理論的實驗中。

這種悲劇的雛形，我們在數千年前就看見了。以色列人的知識分子摩西從神那裏取得了十誡；十誡中最重要的，整個基督文明的基礎，是「汝不可殺人」一誡。摩西下山來，尚未頒佈大誡，發現族人在祭拜金牛偶像，他立刻呼籲：「每個人拿起劍來，殺掉他的兄弟，殺掉他的夥伴，殺掉他的鄰居……」（〈出埃及記〉）血流成河。為了實現他「汝不可殺人」的「大治」，摩西的手段是殘酷的「大亂」，不擇手段的手段。大治，卻遙遙無期。

不久前的德國報紙上刊了一則顯眼的訃聞，沒有姓名、日期，只有「卌」的記號，一行又一行數不清多少個「卌」的記號。下面只有一行小小的字：**「紀念二次大戰中陣亡的同胞。每一撇代表十萬人。」**

已經過了半個世紀，歐洲人還在哀悼自己倒下的同胞。在文革三十週年的今天，中國大陸只見人們夸夸而談經濟開發，不見一絲記憶的悲戚。是那「總和為零」的民族的集體失憶嗎？

恐怕不是。拒絕失憶的大有人在。有些人因為拒絕失憶而坐在牢裏，譬如魏京生；有些人寫了書探索過去，卻不能在大陸出版。當權者必須抹掉某些記憶，因為他極清楚，探討文革逃不掉對共產黨極權體制做最徹底的解剖。可是試圖抗拒失憶的作者們更是眼睛雪亮：歷史是冷酷的，你不從浩劫中學習教訓，它就要輾過你傲慢的身軀。

《大崩潰》的作者藉書寫來抵禦靈魂的大崩潰。

「五．一六」剛過，又逢「六．四」，我彷彿聽見歷史的輪聲轆轆，竟覺得背脊發涼。

一九九六年五月二十日於法蘭克福

金錢，使人腐敗？

在上海見到一個「下了海」的文化人。幾個還在崗位上的文化人坐在他所經營的飯店裏，享受他所提供的精美菜餚，大談文化的失落。最失落的，竟是老闆。他苦著臉，指責自己越陷越深，離原有的文化理想越來越遠；金錢，使人腐敗。

他的憂鬱與自責使我想起大陸傳媒上對商品經濟所帶來的貪婪風氣的種種批判。文人從商，以「下海」稱之，就像從前人說良家婦女「下海」伴酒一樣，是斯文掃地，是自甘墮落。

我向來理解權力使人腐敗，金錢，卻是一個可以化腐朽爲神奇的東西。一個個人有了錢，他就可以放手去求取知識，可以在國內國外遊走，可以使家人豐衣足食。因爲他有錢，他可以不斤斤計較，可以不鑽營奉承，可以不小頭鋭面。資源的充分，使他比較

容易成爲一個教養良好、寬容大度、體恤弱者的人。當他行有餘力，他可能在鄉里間鋪橋修路、救濟貧苦；當他輝煌騰達，他可能在社會上成立各種基金——殘疾基金幫助照顧殘疾，文化基金鼓勵藝術創作；他也可能在學校裏設置獎學金，策勵學子，爲國育才。

一個國家有了錢，它就比較容易做到「老有所終，壯有所用，幼有所長，矜寡孤獨廢疾者皆有所養。」老人福利、失業救濟、幼兒培育、殘障孤兒的照顧，都需要金錢的促成。有了財富的基礎，一個社會比較可以達到「謀閉而不興，盜竊亂賊而不作，故外戶而不閉」的境界。

現在對經濟狂潮大加鞭撻的憂國之士不妨看看歐洲的心路歷程。我們現在看到的歐洲，是一個環境優美舒敞、人文氣質高尚的地方。公園池塘裏的天鵝悠遊自在，無人打擾。路邊野生的紅艷蘋果自開自落，無人擷取。搭地鐵公車進進出出全憑個人誠實購票，不需檢查。生了病去看醫生，只要留下地址就可以接受治療，帳單以後寄來。張賢亮和朋友在歐洲餐館吃飯，忘了付錢。走出餐館了，侍者才追來提醒，態度婉轉客氣，毫無猜疑的神情。

這樣的雍容大度，對不起，不是天生的民族性，它其實是經濟的塑造。如果張賢亮在五〇年代來到戰後民生凋敝的歐洲，侍者對忘了付帳的客人可是要怒目相對的。戰後的德國小孩在大街上搶美國大兵從吉普車上丟灑下來的巧克力糖，滿臉鬍髭的潦倒男人在馬路上彎身撿拾菸蒂，年輕的女人千方百計接近英美大兵以換取絲襪和口紅。

馬歇爾經援計劃實施之後，德國經濟開始復甦。錢，使人們活動起來。經濟發展所帶來第一個狂潮是「吃潮」。人們拚命買吃的東西，談吃的話題，作吃的計畫。文化批評家們在報章雜誌上也就拚命批判國人的貪吃醜態，「斯文掃地」。但是當然，評者自評，吃者自吃。「吃潮」稍退，在五〇年代初，緊接著湧起「冰箱潮」。那白白方方的一大件，裝得下好幾天的吃食而且保持不壞，舉國爲之瘋狂。男人女人努力工作、積極向上，不爲救國救民卻爲了掙夠錢去買個大冰箱。文化人或農人工人，聚在一起，不談靈魂上的事情，卻和左鄰右舍比較冰箱的品牌。報紙上則充滿義正言辭的道德指控：精神汚染、文化失落、道德淪喪；德國知識分子們沉痛地問：西方文化往哪裏去？

四十年之後的德國，是一個連最底層的掃街工人都可以每年出國度假的國家。於是你看見他們的孩子彬彬有禮，他們的公車司機會等到最後一個乘客都安穩落座才再度啟

動，他們的餐館侍者，見你沒付帳走了出去，還對你和顏悅色。你也看見他們的國家撥出大筆大筆的錢給飽受戰亂的波士尼亞難民、給非洲因飢餓而瀕臨死亡的兒童、給民生困頓、政治不安的俄羅斯。他們的大學，對全世界的學生開放，不收一文學費。

這種百川不拒的寬鬆，與民族性格關係少，與有錢沒錢關係大。錢，當然不會憑空而來，它必須透過勞心勞力的掙取；如果這個勞心勞力掙取財富的行爲叫做「貪」的話，那麼「貪」有什麼不好？它根本就是一個經濟動力，使一個個人，不倚賴國家的豢養，以自己的力量求溫求飽求物質的豐足；沒有這個動力，社會的經濟是停滯的，停滯在貧窮中。你說金錢使人腐敗，我說貧窮使人腐敗，匱乏使人墮落。「倉廩足而後知榮辱」倒過來說就是，貧窮的壓迫使人顧不及榮辱的分寸，那才是道德的淪喪呢。

在經濟狂潮中我們所看見的人與人之間的傾軋欺詐、勾心鬥角，究竟是來自對金錢的追求，還是來自對金錢追求的機會不均等？前者可以是君子之爭，後者，卻勢必釋放出一個人對社會最深最痛的怨憤；集合無數個個人的怨憤，那就是一股動盪不安的毀滅力量。孫文說，不患寡而患不均；我卻覺得，在某個發展階段，不患多而患不均。如果遊戲規則是公平的，財富的追求可以推動社會，使它在物質不乏之餘往精神文明提昇；

如果遊戲規則是不公平的，傳統價值的解體崩潰恐怕是無法避免的噩夢。

我多麼希望那位「下了海」的文人老闆能歡欣鼓舞地經營他的餐館，大賺其錢。然後有一天，他的錢實在太多了，他成立了一個鄉鎮圖書館基金會，使最偏僻的小村子也有自己的兒童圖書館；他設置了一個以他自己爲名的文學大獎，刺激天下有志未成的作家競技；他組織了一個翻譯中心，使中文創作譯成全世界都能讀到的各種文字……唉，錢的好處太多了。有一天，當像他這樣的人在中國比比皆是時，誰知道，中國說不定還要經援美國和德國呢。

腐敗不腐敗在於公平不公平；金錢，倒是無辜的吧。

初識

——給上海讀者

第一次面對面見到我的大陸讀者，是在一個北京派出所裏頭。湖南來的哥哥讓人騙走了錢，我到派出所去爲他說明，發現警察正看著《野火集》。一個面貌清秀的年輕警察，問我：「自由太多了，社會不亂嗎？」

第二次，是在從湘西駛往長沙的軟臥車廂裏。文質彬彬的年輕乘客告訴我他們當年在大學裏傳閱《野火集》的情形。

我真是好奇極了，對我的大陸讀者。他們是誰？

台灣讀者，我當然熟悉得很。一次新書發表會就可以告訴我：他們大約是十七歲到七十歲之間的人，高中大學程度以上：在學大學生居多數，但是社會中的老師、工程師、記者、法官，各行各業都有。女性多於男性，然而六十歲以上、白髮蒼蒼的老先生不少，老太太卻幾乎沒有。

我也可以大略解釋這個讀者羣結構。讀者教育水準偏高，是因爲書的知識性格。女性多於男性，尤其是二十五至三十五歲之間已經就業的女讀者，稍超過相對的男讀者，大約是因爲，在台灣的社會形態中，男性一旦離開學校就進入所謂事業的戰場，不再有看書的時間；女性的「戰場」意識較淡，即使就業，卻仍注重個人內在的發展。台灣的出版人也知道，買書的多是女性。

爲什麼老先生讀者不少，老太太卻不見呢？我只能猜；老先生讀者常來信和我談國家大事，老太太或許因爲是上一代的女性，讀書的習慣和興趣與我所關心的題目沒有交集。

但是我認識我的台灣讀者。他們在中學裏背誦過「青年守則」：助人爲快樂之本、忠勇爲愛國之本……。他們在大學裏朗誦過《詩經》：「七月流火，九月授衣。春日載陽，有鳴倉庚……春日遲遲，采蘩祁祁……」他們早上在巷口買套燒餅油條當早點，晚上也許和朋友吃日本料理。他們對台北這個城市既厭惡又深愛不捨，他們對政治既樂觀又批評不已。他們在知識和觀念上走在世界的前端：女性主義、現代主義、後殖民主

義、解構和後解構主義。在生活的實踐中，他們卻清楚地看見自己的腳步印在傳統的土壤上，一步一徘徊。

他們在茶館裏品茶；在酒吧裏喝酒；在書店裏瀏覽；在小心翼翼地過馬路，牽著孩子的手；在計程車裏聽司機破口大罵政治人物；在機場，提著簡便的行李……。是的，我認識他們，就像一起長大的街坊鄰居一樣。

但是我的大陸讀者是誰呢？

上海文藝出版社給了我一個機會。五月一日的簽名會上，我終於見到了我想見的人。

隊伍太長，對每一個讀者我只能深深地看他一眼，把面貌和感覺攝進印象裏，然後問他的職業。讀者顯然也知道我們見面之不易，有人從南京、無錫乘火車趕來，有人帶了禮物：一首詩、一副對聯、郵票、卡片、裝飾品……。一個年輕人說：「讀了你的〈我不站著等〉——」

他停頓一下，繼續說，「覺得很慚愧，但是想告訴你，大陸人不都這樣的。」

我說：「我知道。」

他彎身去摸索一個塑膠袋子，取出一束鮮花，遞給我：「早上擠公共汽車，就怕把花給擠壞了……」

我接過花，輕嗅花的香氣。電視台的錄影記者正拍著別處，急急趕了過來，對年輕人說：「請你把花拿過來，再獻一次好嗎？」

年輕人斷然拒絕：「這是我真的感情，不表演的，沒有第二次。」

我仍舊捧著鮮花，看著他走開的背影。

兩個半小時之後，我終於也認識了一個輪廓：我的大陸讀者，是十七歲到七十歲之間的人，高中大學程度以上。大中學生居半數，但社會中的老師、工程師、幹部、圖書館員，各行各業都有。白髮蒼蒼的老先生不少，老太太卻幾乎不見。

和台灣不同的是，讀者中有好些個所謂「藍領階級」：工廠工人、廚師、司機……。最奇特的是，男性多於女性。

爲什麼？我求教於上海朋友，爲什麼在這裏男讀者遠超過女讀者？上海朋友半詼諧半正經地說：「大概因爲台灣還是一個文化比較傳統的社會，男人是主導的、強悍的，而大陸的男人已經沒有那種優勢，比較柔弱。你的文字，對不起，是比較陽剛的，所以

比較吸引男性讀者吧！」

我很懷疑他的分析，但是，誰能給我更好的答案？

在華燈初上的外灘，我看見情侶在江岸上相依而坐，臉上有恬然遺世的神情。擁擠的公共汽車在南京路上停停走走，我看見被生活折舊了的臉孔貼在玻璃窗上，疲倦而木然。和平飯店前有西裝革履的男人，福佑路市場裏有捧著大碗吃飯的女人。城隍廟前有人依著畫廊雕柱對鏡頭做出粲然笑臉。

我還是不認識我的讀者。他們經過了什麼又看見了什麼？他們害怕著什麼又追求著什麼？他們有什麼樣的幻滅又有什麼樣的夢想？不曾和他們一起成長，我無從想像他們生活裏的點點滴滴。可是在那長長的隊伍前端，我們曾經深深地對望；回想那對望的一刻，或許我們竟是熟識的。寫作者在孤獨中寫作，讀書人在孤獨中閱讀，那孤獨其實是種種情懷的交會。文字之所以有力量將不同世界的人牽引在一起，是因爲不管他們經過了什麼看見了什麼，在心的最深處，他們有一樣的害怕與追求、相似的幻滅與夢想，午夜低迴時有一樣的嘆息。

我們畢竟在同一條歷史的長廊裏，或前或後；鮮花釋出清香，像絲帶繚繞。

啊，上海男人！

我是一個台灣女人，在美國和歐洲生活了二十年。從俄羅斯到南非、從以色列到菲律賓，全走遍了；以爲這世界上能讓我真正驚訝的事情大概已經沒有了，直到我認識了上海男人。

在十年前開始閱讀大陸文學的時候，印象最深刻的不是民族苦難、十年浩劫什麼的，而是，咦，怎麼小說裏下廚燒飯洗碗的以男人居多？瞄一眼我的書架，隨便抽出一本翻翻；你看，夫妻倆要請客了，「十三日一早，周敏起了床就在廚房忙活。」這周敏可是個男人。「因爲臨時居住，灶具不全，特意去近處旅館租借了三個碗、十個盤子、五個小碟、一副蒸籠、一口砂鍋。」周敏緊接著開始剖魚，他的女人就試穿上一套又一套的漂亮衣服，化粧打扮。這樣的情節在台灣的小說裏可難找到，台灣作者要編都編不出來。

社會主義教出來的男人還真解放，我記得自己暗暗驚嘆。

在海外見到的大陸女人，說得誇張些，個個抬頭挺胸、驍勇善辯，沒有人認爲應該犧牲自己去成全丈夫的事業。資本主義社會裏的諺語，「每個成功的男人背後有個溫柔的女人」，不能用在大陸女人身上；她們昂首闊步地走在前頭，不在男人的陰影中。相形之下，台灣女人處處流露出傳統「美德」的痕跡：溫良恭儉讓，樣樣具備。儀態舉止上仍講究「巧笑倩兮，美目盼兮」的羞怯。自己的事業一不小心太順利時，還覺得對男人不起，太「僭越」了。

瑞士的女人不久前還沒有投票權。德國的女人，婚前也許雄心勃勃，一旦有了孩子就發現幼兒園、小學、中學都只上半天課，下午她就得留守家中做保母、清潔婦、廚師、司機兼園丁，而這些工作又全是無給職。她變成一個伸手向男人要生活費的配偶。德國女人是歐洲有名的賢妻良母，爲丈夫子女犧牲自己的事業不僅不被當作美德，簡直就是女人應盡的義務。走過德國的小村鎮，你可以看見一戶一戶的女人在曬棉被，擦窗玻璃，擦呀擦呀擦得一塵不染，等著男人回家來誇獎。

所以我對大陸男女關係的平等是有心理準備的，只是沒有想到上海男人在大陸男人中還自成一格，是一個世界稀有的品種。

在一個陌生的城市裏，只要側耳聽聽人們蜚短流長地說些什麼，大概就可以探知這個城市的文化特質。走進安徒生的家鄉，你會聽見人們竊竊私語，小美人魚如何受父權壓抑，不讓她追求愛情。走進格林兄弟的小鎮，你會聽見人們如何議論灰姑娘辛德瑞拉的後母。走進李昂的「殺夫」小村，你會聽見人們耳語婦人林氏如何被丈夫毒打強暴。而不分古今或中外、童話或寫實，流言中被虐的都是兒童和婦女；二十四孝是一部兒童被虐史，烈女傳是一部婦女自虐記。但是在二十世紀末的中國上海，你說奇怪不奇怪，流言的主角竟是男人，被虐待的男人。

某人被妻子趕了出去，在黃浦江邊踱了大半夜。房子是妻子的單位發的，所以女人指著門叫他走，他就得走。某人在外頭有了情人，妻子便讓他每天趴在地上拖地，來來回回地拖，直到他一隻手脫了臼；沒關係，裝回去，再拖。某人有一天回家晚了，發現他的寫字桌、書籍衣物被妻子扔在門外，像丟垃圾一樣。某人想離婚，女人就把水果刀按著手腕威脅自殺，男人遂不敢再提離婚，但女人從此每晚強迫男人向她求愛……

「男人——」我小心翼翼、結結巴巴地問，「男人——也可以被被被強迫嗎？」我並沒有那麼無知，可是我們是在說上海男人，情況也許特殊些。

「怎麼不可以？」親戚輕蔑地別我一眼，繼續說，「小張每天都像死人一樣去上班，再也沒力氣要離婚。他老婆還揍他呢！」

哦！那麼上海男人和瑞典男人差不多吧？在國外的報導曾經讀到一份聯合國發出的文件，說是瑞典男人被妻子毆打的情況普遍，呼籲瑞典人成立保護男人組織，拯救被虐男人。在歐洲，瑞典的男女平權被認爲是最進步的。爲什麼當女權得到伸張的時候，男人就取代女人成爲受虐者？難道兩性之間無可避免地必須是一種權力的鬥爭？我來不及深究，因爲眼前這個上海男人正興高采烈地告訴我他怎麼怕老婆。

我愛我老婆呀，她叫我做什麼，我就做什麼，他說起來眉開眼笑。旁人七嘴八舌地催他，講講講，講你怎麼上厠所。他就說，老婆愛乾淨，不准他用身體去碰馬桶，所以他總是雙腳蹬到馬桶邊緣去辦事的。有一次，一個打掃厠所的老太婆，從外頭往下看，哎呀，他腳不見了，就一面叫罵，一面用拖把打門；他不爲所動，老婆的命令，不下來就是不下來。

和一個文化界的朋友午餐。吃了一碗螞蟻湯之後，他開始吐露一點婚姻上的苦惱。「你別看我在外面好像還是個挺重要的人，」他擦擦額頭的汗，「在家裏呀，我什麼都不是。」第二天我們要一起參加一個會議。「我老婆叫我提早趕回家去買菜作飯，她有個親戚要來看她。」

他搖搖頭，憤憤地說，「我才不趕回去呢！是她的親戚，你瞧瞧。」第二天，會還沒完他人已不見。別人不知他到哪兒去了，哈，我知道。

接著是表姨要我到她家去吃午飯。我當然要她別麻煩，出去吃好了。不麻煩，不麻煩，她說。到她家時，飯菜已熱騰騰擺上了桌，表姨和我坐下來吃，廚房卻仍乒乓做響，是誰在做菜呢？

端著熱湯走出來一個年輕男人，表姨介紹，是她將來可能的女婿，一個工程師，剛巧從外地來訪，所以要他下廚。果真不麻煩。

吃過飯之後，是這個男人收拾碗筷，清理廚房。

清洗之後，他陪我們兩個女人逛街看衣服店。逛街的時候，他跟在我們後頭，手裏的大包小包一包比一包重，走了一個下午。

「你說嘛，這種情況，」回到台北，我問一個在大學裏教書的朋友，「在台灣可不可能？」

她並不回答，卻若有所思地邊想邊說，「我想起來了。我在上海借住在一對不怎麼熟的夫妻家裏。有一天出門回去的時候，發現男主人把我換下來的內褲都給洗了，晾在陽台上。我大驚失色。」

「現在，我明白了，」她微笑起來，「上海男人嘛！」

我也明白了。上海男人竟然如此可愛：他可以買菜燒飯拖地而不覺得自己低下，他可以洗女人的衣服而不覺得自己卑賤，他可以輕聲細語地和女人說話而不覺得自己少了男子氣概，他可以讓女人逞強而不覺得自己懦弱，他可以欣賞妻子成功而不覺得自己就是失敗。上海的男人不需要像黑猩猩一樣砰砰捶打自己的胸膛、展露自己的毛髮來證明自己男性的價值。啊，這才是真正海闊天空的男人！我們二十世紀追求解放的新女性所夢寐以求的，不就是這種從英雄迷思中解放出來的、既溫柔又坦蕩的男人嗎？原來他們在上海。

「我才不要上海男人呢！」二十五歲的上海讀者翻起白眼，一臉不屑，「長得像個

彎豆芽，下了班提一條帶魚回家煮飯，這就是上海男人。我要找北方人，有大男人氣概。我就是願意做個小女人嘛！」

我憐憫地看著她光滑美麗的臉龐，很想告訴她：年輕的女郎，爲這大男人氣概，你可得付出昂貴的代價，那就是你自己的生命發展。你不知道天下最寶貴的男人就在你的身邊呢。

我沒說，只是帶著一大團困惑離開這迷人的城市。上海的男女真平等嗎？不見得。只需看冰山一角：我接觸的是上海的所謂文化菁英——碰來碰去都是男人，和在台北，在德國、美國，沒有兩樣。也就是說，在公領域裏，社會的資源和權力仍舊掌握在男人的手裏。上海女人說起來如何厲害、如何能幹，顯然還局限在私領域中。兩性權力分配的均勻只是淺淺的一層表面，舉世皆然。

而那二十五歲的女郎對大男人的嚮往，並不是輕易可以嗤之以鼻的。美國詩人羅伯特·布萊所寫的《鐵約翰》成爲暢銷書，可能是因爲他提出了一個令許多男人女人困擾的問題：

解放的男人、溫柔的男人、不以幫女人洗內褲爲恥的男人，當他們發現女人竟然開

始嫌他們不夠男子氣的時候，何去何從？而女人，穿上男人的衣褲，跨著男人的大步，做男人的「同志」與他並肩開闢天下，當她們發現男人竟然開始嫌她們不夠女人味的時候，又何去何從？

在上海，被男人養著玩兒的「金絲雀」、包二奶、小女人又開始出現了，好像歷史又往來時路倒著走。兩性之間究竟是否脫離得了控制與被控制的關係模式？男女平等、互敬互愛的前景究竟是什麼呢？

騎著單車、拎著帶魚回家的可愛的上海男人，是不是也正想著這個問題，心裏有點兒憂鬱？

後記：此文在上海《文匯報》刊出後，引起軒然大波。「上海男人」紛紛打電話到報社大罵作者「侮蔑」上海男人，上海男人其實仍是真正「大丈夫」云云。

也說「上海男人」

陸壽鈞

龍應台的大作〈啊，上海男人！〉讓我驚訝的是：作爲一個很有學識的人，怎能以地域劃分來籠統地評說人?!

我向來不贊成以地域劃分籠統地對人，對男人、女人去概括出個特徵來進行褒貶評說。我們應該面對事實：每一個地域的人，每一個地域的男人與女人，在性格、處世特徵上並非都是劃一的，也不可能是劃一的。上海男人與外地男人一樣，有婆婆媽媽的，有窩窩囊囊的，也有豪爽大度的，事業性極強的，很難用一個劃一的說法去概括他們的特徵。我想，台灣人，台灣的男人和女人也是如此。龍應台說：「台灣女人處處流露出傳統『美德』的痕跡：溫良恭儉讓，樣樣具備。」對此，我只能報之以一笑，且不說台灣報刊上天天都有與此相反的報導，就拿一開頭就聲明「我是一個台灣女人」的龍應台來

說，倘若果真「溫良恭儉讓，樣樣具備」的話，就不會到上海的報紙「橫掃」上海男人了！

龍應台以在上海的所見所聞，舉了不少上海男人如何「怕老婆」，也就是本地人戲稱的「氣管炎」（妻管嚴）的毛病，我也只能報之一笑。誠然，這些事例雖不免在傳說與行文時有所誇大，應該說還是在上海的一些男人中存在的，但絕不能就把它劃一地看成是上海男人的「特產」了。就在這些事例中，龍應台也不免被一些表面現象所迷惑。上海不少把「怕老婆」掛在嘴上，或裝作「怕老婆」的男子，實際上是並不怕老婆的，這只是他們在夫妻關係中的一種善意的「謀略」。上海男人中的一些人與其他地方男人中的一些人一樣，有他們的複雜性。

龍應台「在美國和歐洲生活了二十年」，在世界上走遍了不少地方，當然是個非常解放的女人，所以，她在例舉了上海男人的家務，不與老婆爭高低等等「特色」後，仍然覺得「上海男人竟然如此可愛。」其實，在男女平等的社會主義精神文明的熏陶下，上海的男人與女人早已不把這些當作一回事了，爲什麼家務事必須都是女人做呢？一個真正的男子漢爲什麼要落到去與自己的老婆爭高低呢？上海輿論衡量一個男人有沒有男子氣，主要還是看他在社會生活中是否活得堂堂正正，並不在於在家中做不做家務和是不是與老婆逞強。看來，龍應台的「解放」與我們的解放還是有區別的，或者說，我們的解放已越過了她那後面的「解放」。當然，在上海的男人與女人的關係中，不免還存有某些陰暗之處，但絕對不是如龍應台看作的「好像歷史又往來時路倒著走」。絕大多數的上海人，不管是男人還是女人，對男女平等、互敬互愛的前景還是十分樂觀的！

因此，我也不同意龍應台似乎是透過現象看本質的一段話：「上海的男女真平等嗎？不見得，只需看冰山一角；我接觸的是上海的所謂文化菁英——碰來碰去都是男人，和在台北，在德國、美國，沒有兩樣。也就是說，在公領域裏，社會的資源和權力仍舊掌握在男人的手裏。上海女人說起來如何厲害、如何能幹，顯然還局限在私領域中。兩性權力分配的均勻只是淺淺的一層表面，舉世皆然。」我們暫且不去廣泛地例舉，也暫且不去理會「所謂」兩字，就拿上海的文化界來說吧，用一句上海話來說：女作者，女記者，女導演，女學者何其多呵！上海肯定還存有男女不平等的事例，但並不能就此斷定上海男女不平等。

我並不是個正宗的上海人，只是在上海生活了那麼多年，才對上海人，上海的男人

和女人，看出了一些道理來的。我想，龍應台如能多來幾次上海，她的看法會真正深入下去的。

歡迎您，龍應台，多來幾次上海吧！

理解上海男人

吳正

通常，我的創作習慣是只執著於自我感受而很少遭到外界什麼因素干擾或者引誘的。然而，這次的例外是在我讀了龍應台女士的那篇〈啊，上海男人！〉之後，我不知道自己是否成了她描聲繪色之中的某一個，但有一點應無疑義，那便是：我就是個地道的上海人——上海男人。我笑瞇瞇地對自己說，也來一篇吧，作爲對龍女士嬌聲一呼的某種回應，充當回音壁。當回音壁有時是很有樂趣的。

雖然，拎帶魚騎單車回家的形象並不適合於我，但畢竟，我們都是流動著相同性格血型的一輩。近百年的傳統加上三十來年的革命化，男女平等的教育會造成一種什麼樣的上海男人的心理順從，我答不上；上海男人在世紀初率先接受文明，世紀中適應社會轉型，世紀末重新投身開放熱潮的種種不尋常經歷終將把它鑄造成了一個特殊的性別種

族。經濟地位、江南性格以及文明熏陶，這是構成上海男人的三道鮮明的性格光譜，所謂小男人只是一種膚淺不過的理解，上海男人的生命哲學是盡可能地禮讓出生活上的種種細節來滿足他們的所愛者，從而為自己換取更廣大的事業的思考空間——而這，不就正是上海男人的高明之處？我們很可能缺乏偉岸的體魄，疊疊的肌塊以及「黑猩猩捶打自己露出毛髮的胸脯來證明其存在價值」時的那種聲嘶力竭，但我們卻有強大而安靜的內心境界。上海從前是，今天又再次成為全國乃至世界的文、經重鎮，與上海男人的這種性格內質不無關係。只有傻瓜才會將性別視作為什麼可供自豪和自居不凡的東西——世界上不就是除了男便是女的兩種性別？這便是我們所理解的大小男人主義之間的辯證關係。

然而，我相信龍女士也是理解這一切的。她是個幹練和充滿了男性化果斷和機敏作風的女人。我與她有過若干次興致高漲的交往，在文化界人士聚會的飯局上，她談興熱烈真摯而開放，與她筆下的那位有著光滑美麗臉龐的，芳齡二十五的，說是希望將來能嫁個北方大男子漢的汪汪女子大相逕庭。當然，嚮往外形上的陽剛與偉岸，這是每一個女性的心理密藏，只是如龍女士所言，為著這種單一的追求，日後的你會不會因而付出昂貴的人生代價？外國究竟如何咱不敢說，單在中國，男人盤腿炕頭飲酒喝茶鬥雞玩蟋蟀閒扯瞎聊打老K，而讓老婆下田餵豬抬水背石，完了要以最快的速率換好小孩的尿布再炒幾碟小菜端上桌來侍候他們，一旦幹不好，還可以揪著女人的頭髮來個興師問罪的北荒南鄉之地至今還有不少。這種令上海男人們瞠目之後外加搖頭的原始以及不開化絕不是單以「民俗」兩字的解釋便可以一筆加以抹煞的，這正是該類區域在能見的將來還不能那麼快地摘去貧困之帽的標幟之一。然而，上海不是這樣，在這座文明與繁華的國際大都市中，男女性別都等值在同一水平線上，各盡其職。龍女士已細緻觀察到了所謂文化菁英乃以男性居多的事實。其實，「武化」還是「商化」的菁英又都以哪一種性別爲主，這是在兩性單獨相處相悅相濡之時發揮出來各自的性別特長。在一個文明合理先進的社會中，凡強者，不論男女，都有競爭至社會最前列的權利，美國如此，香港如此，上海，也如此。上海，於是便在龍女士的筆下被喚作爲了一個「迷人」的城市，難道在這「迷人」之中就不包括上海男人這一項精美而別致的人性軟性？——我想，這是龍女士的一句並沒有說出了口的肯定。

其實，最深刻了解上海男人的還是上海的女人。她們是她們男人們的一種背景，一

擎支柱以及一灣避風港。她們在生活細碎上所表現出的「昂首闊步」只是她們間接順從的一種變奏，她們才是上海男人最佳的精神與事業拍檔。在上海，懼內不會被人真正地笑話（上海人的一句口頭禪是：「怕老婆發財個呀！——」），而相反，欺妻與虐妻倒被公認為一種恥辱，一種外燙內寒的懦夫行為。上海夫妻的恩愛祕訣是心照不宣的感情互動以及精神體貼——諸如那段替老婆洗內褲的細節，不論龍女士添此一筆的色香味的內定搭配究竟意欲何在，倒恰好凸現了上海男人對於愛情以及兩性相處藝術上的某個殊殊視角與思維，因為愛，有時是需要帶點兒「肉麻」的。

當然，我們是不能對龍女士提出如此高的理解要求的，因為正如她自己所說，她是個台灣女人，且還在美歐俄菲什麼的生活了多年。待到她發現了這個形如「彎豆芽」的「可愛」的上海男人一族時，她已是兩個孩子的母親啦。於是，對於那個「彎」字之中所可能蘊藏著一股怎麼樣的韌性與張力，她便也永久失去了可以在共同生活之中加以全面觀察深刻體會的機緣。那天，已經很晚了，我太太突然接到了一只她的一位旅港的福建女友打來的電話：「告訴你一個好消息，我妹妹她出嫁了！——」「恭喜！恭喜！」「……她嫁的也是你們那同一種人……」「什麼？——同什麼一種人？」「我說的是，她也嫁了個上海男人！」其口吻之興奮猶若撿到了一件意外的寶藏一般。電話掛斷之後，妻子如實地告訴了我她們通話的內容，她的神情平靜且充滿了理解。「我們送她一份厚禮吧。」我點點頭，並不太有要將話頭說出口的意圖，因爲此刻我正在心中嘀咕著：所以，不是我說，能嫁個如意的上海郎君，也是當今女人的一種福份呢，真的。

捧不起的「上海男人」

沈善增

有朋友來電，說龍旋風颳上門來，一篇〈啊，上海男人！〉，把滬上的鬚眉一筆橫掃。於是我去找那篇文章來看。原以爲是篇火辣辣的檄文呢，不料卻讀到了一篇很纏綿悱惻的祭文。龍女士祭的是她心目中理想的男子形象，從那深自失落又強顏調侃的語調，我推測，這甚至可以說就是她的整個人生理想。因爲從理論上說，「二十世紀追求解放的新女性所夢寐以求的，不就是這種從英雄的迷思中解放出來的、既溫柔又坦蕩的男人嗎？原來他們在上海。」然而在感情上，她又不能不覺得這樣的男人「不夠男子氣」。魚與熊掌不可兼得，於是她「只是帶著一大團困惑離開這迷人的城市」。所以她其實無意開罪上海男人，她與之過不去的是那個長久盤距在她心頭理想男人的偶像。

文章的後面提出了一連串的困惑，很有點像祭文裏此岸的人向彼岸的靈魂發出無望的呼喚。

譬如她有意無意地將男人下廚（大陸叫「圍裙丈夫」）與懼內（她叫做「男子被虐」）混爲一談。

男子下廚，是中國大陸特有的經濟生活條件（女子普遍就業，男女同工同酬）及生活習慣（以飲食爲生活主要節目，以烹飪爲生活主要藝術）造成的有中國特色的家務分工形式，與女子是否占有家庭乃至社會的話語權，或從男子方面說是否「懼內」是兩回事。下廚的男人不一定懼內，懼內的男人不一定下廚。下廚是主動盡責，懼內是被動受壓這一點，龍女士一上來是分得清楚的。她認定上海男人「是一個世界稀有的品種」，就因爲她覺得上海男人不僅下廚而且懼內。但說著說著，她又把這兩件事扯到一起了。這也是可以理解的，因爲她太需要證明上海男人的甘心被虐了。

男人懼內，是個歷史悠久的話題，比男人下廚不知要古老多少年，比二十世紀的「女權主義」運動也不知要古老多少年。「河東獅吼」一語典出北宋，不說世界，至少中國士大夫懼內是有優秀傳統的。如果說「二十世紀追求解放的新女性」忙乎了半天，炮製的女性話語權等種種理論，不如乾脆嫁到中國來，即使在中國女人纏小腳的時代，

還不乏懼內的大老爺們。所以龍女士驚訝地發現夢寐以求的男人原來在上海，這實在是她的一廂情願的錯愛。難怪聰明的她後來又要追問：「上海的男女真平等嗎？」真正懼內的男子，一般都未能修煉到超然物外，不以其爲恥的水平。而在人前宣講、誇耀自己懼內的，他的懼內就很可懷疑。有的是從反面來顯示自己的紳士風度，因爲他覺得追求解放的新女性欣賞懼內的男人，故而投其所好，表演一番，難說沒有些「肉麻當有趣」的成份。有的則可能是在爲另覓新歡製造輿論，甚至可能是有針對性地下誘餌。龍女士遊歷過世界，見多識廣，按理不應該被這些從古到今男人慣用的小花招所迷惑，因此我要說她是情願受騙。

總而言之，下廚的上海男人像中國大陸其他地方的男人一樣較爲普遍，懼內的上海男人也像中國乃至世界（如瑞典）其他地方的男人一樣不是沒有，但自成一格被尊爲「世界稀有品種」的上海男人則是龍女士有意無意的虛構。虛構這樣的「上海男人」，是爲了向她自己證明些什麼。但因爲內心的矛盾，導致邏輯的混亂，結果非但證明不了什麼，反倒多了一大團困惑。

真正的上海男人到底如何呢？我是生於斯，長於斯，入蘭芷之室，久而不聞其香，

入鮑魚之肆，久而不聞其臭。借龍女士的眼光旁觀一下，我覺得上海男人在適時求變，不受傳統的乃至陳腐的觀念束縛方面，自有其優越之處。上海男人不會脫離現實環境，去追求幾千年一貫制的「大丈夫」價值，死要面子活受罪，弄得自己很痛苦。上海男人也不會因爲二十世紀末的新新女性又轉而欣賞「大男人氣概」，立刻急吼吼地去向「黑猩猩一樣砰砰捶打自己的胸膛，展露自己的毛髮」的男人看齊。上海男人是比較務實的，不爲傳統觀念而硬撐，不爲討好女人而強扭。認準黑格爾老頭說的至理名言：「凡現實的都是合理的，凡現存的都是會改變的。」以一顆平常心處世居家過日子。所以大多數上海男人活得心安理得，一點也沒察覺到自己已變成世界稀有品種，奇貨可居。龍女士在文章最後對上海男人殷切期望：「騎著單車、拎著帶魚回家的可愛的上海男人，是不是也正想著這個問題（男女平等、互敬互愛的前景——筆者注），心裏有點兒憂鬱？」一般來說，那期許是要落空的。在大多數上海男人看來，這個問題並不成其爲問題，他們則實在太忙，沒工夫去操這份閒心思。

啊，上海男人，你們真是捧不起的劉阿斗啊！

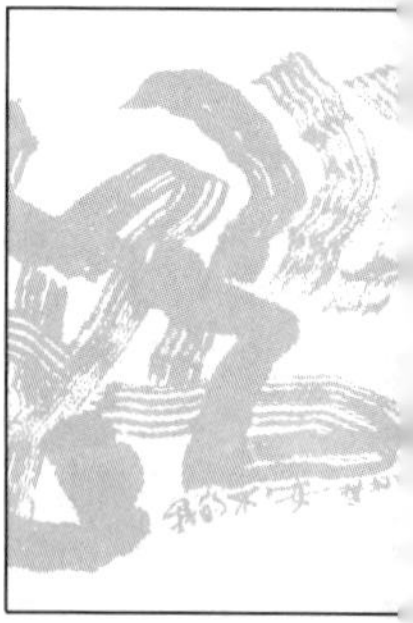

說「橫掃」

——關於「上海男人」的是非

馮如則

在《筆會》上先後拜讀龍沈兩位關於「上海男人」的文章，放下手中活計來插上幾句話。

恕我直白：兩位的文章恐怕都犯了一個忌諱——以偏概全。沈先生筆下尤其多一點兒情緒。這恐怕是不必要的罷？

我猜想龍女士手中並無統計資料，那又何以認爲上海男人——至少是近半數乃至過半數？——都下廚房呢？而且，人人吃飯，男人也吃。既要吃，爲什麼就不作興下廚房或也下廚房呢？

沈先生解釋男人下廚的原因，其一是女子普遍就業、男女同工同酬。我以爲這「酬」家別有一點說道：所同者是低酬。一人的低酬不能養家活口，於是只得「同工」

（婦女解放的大問題此處不論）。而這「工」也別有一點說道。我們幾十年來的傳統不是家務勞動社會化而是社會勞動家務化。近些年來雖很有改善，從而也給改革記分，做飯自然複雜而費時間，所以既需同工於社會，又需同工於廚下也。否則，一頓晚飯吃到什麼時候去？

此爲龍文之偏。

沈文也偏：「總而言之，下廚的上海男人像中國大陸其他地方的男人一樣普遍。」近千萬平方公里的國土，大半是鄉村；那兒的男人下廚房的「普遍」程度能和上海或其他城市相比麼？我也是沒有統計數字的，但猜想情況恰好相反：肯去廚下「同工」者恐非多數。又相反恐怕打老婆倒不罕見。

這裏且岔出一筆，請求討厭「老婆」一詞的女士先生們理解：我無法說「打愛人」——既非「打情」，又不是出於「心疼」，「打」和「愛人」弄到一起，豈不荒誕？而且「愛人」一詞無性別，竟不知誰打了誰也。

沈文以下繼續「總而言之」說：「上海男人不會……。上海男人也不會……。上海男人是比較務實的……。」這一串「上海男人」之前既無確數又無約數加以限制，那就

是指全體了？那可能麼？所以我以爲沈先生有點動情緒了。

我以爲說話作文，切忌「一筆橫掃」，以免誤導。去年某報刊文，說西部某市婦女特愛濃妝艷服而又不得其道，令人反感。結果倒是文章本身令人反感，連編輯先生似也陪著做解釋。這可爲一例。眼前的爭論也可爲一例罷？再一例：稚年談過一本書，叫《從一個人看一個新世界》。於今思之，不覺惘然：叫我怎麼看呢？

沈文剪貼在手邊，所引有據；龍文卻沒有。《筆會》辦「龍應台專欄」，我以爲是個好主意，不但讀，而且剪，好端端的一張報紙多次剪得支離破碎，這個專欄是原因之一。這次卻未剪貼，因爲——讀者真誠反饋，龍女士不以爲忤罷？——該文雖也寫得漂亮，卻有些我不贊同的東西。但因此也就無法詳引了，就此一併說明。

亂談「上海男人」

張亞哲

上海男人的淺笑的確是尷尬，上海男人的憤怒如陸壽鈞對龍應台也始終挽不回已如三絲春捲皮似的顏面，即將欲說還休的矜持墮落爲怒髮衝冠的孟浪，是再犀利的文字也回天無力了。怪只怪「上海男人」這有些驚天地、泣鬼神的牌坊。

坊間話語如陸壽鈞的紳士措辭，清淡地無法察覺微瀾死水。龍應台女士能惠顧上海男人這溫柔雅趣確能證明男人之於上海，上海之於男人，總有那麼些汗漬於奶漬，奶漬於血漬，是不可脫離了干係而春夢了無痕的。

想起這個陰盛陽衰得很有些無所謂的城市，想起張愛玲筆下的佟振保，王安憶筆下的陳先，毛毛娘舅各色人等，是有些蒼涼人世的淚可垂，情婦無恨的氣可嘆。倒突然覺悟湧動在上海螻蟻般窠穴的清潔臉面，髮油可鑑的男人，步態斯文的男人，深沉儒雅的

男人，如程乃姍早期嚮往的帶麗仕香皂味道的男人，無可選擇地追尋著執著的仕女的淑女的上海，在交際花盛開之際無聲無息地萎頓，這令人可憐的嬌滴滴精緻的男人是將被水性的上海蝕了腰骨望穿了秋水，在上海人異口同聲（連龍應台女士也聽到了）的氣管炎的咳嗽聲中強做歡顏。

文人的上海男人粗俗市井的上海男人吸入城市廢氣喝入城市廢水最多的上海男人痛苦並快樂著。無言，無聲，無笑。不論佳麗坐擁一夜開五十瓶XO的江北上海男人或每天瑟縮於風中、流汗於陽光中，穿越過城市擁擠道路的男人，都在每天積攢自尊，每時消彌孤獨每刻想逃避責任。城市目擊的文章寫得太濫了，花團錦簇的上海女人們冷眼望江淮，這後庭花的歌糜廢得令人垂淚。燈紅酒綠中上海男人被世俗成爲霓虹燈下的哨兵，爲世界上唯一一塊毋需女權主義刺耳噪聒的淨土默默耕耘。

聽廣闊中國大地許多女人談論上海男人艷羨是明擺著的，這或許也是某種龍頭作用。這座二十世紀中國最大的都市每一天都在重溫曾經脂粉腥紅的浪漫歲月，不但創造著對三姨太四姨太下跪，爲五姨太六姨太剪腳脂甲的商界巨賈，還有那些做阿詐裏做長工做癟三只爲博紅顏一笑的男人。上海這個城市的積塵太厚了。每一種埋沒都沉默得可怕。男人如若在冷酷世界失卻了鐵血原則就無尊嚴而言。迷霧穿透的上海無疑是等待著某種復興的。

龍應台女士對於上海男人的讚許是相比較其耳聞目睹的賢妻良母的其餘世界。不是每個上海男人都有跪槎板的經歷，深夜被趕出家門的男人或許正無憂無慮地走向情人的單身公寓，而家裏河東獅吼的女人正百感交集自嘆命苦或其他卻死惦著灰溜溜走出家門的男人。諸如後悔衣服穿得是不是少，或會不會去找別的女人。整個世界爲這一場景會感動得啞口無言，然而生活的代價卻昭然若揭。

上海女人的嘴是刻毒了些，或許因爲那嘴中同時流蜜才制止了反抗的革命。我只談論的上海男人，看著罵遍千山萬水的龍女士的話，在每一個被賦予面子的快樂瞬間盡情生活，不然，上海的男人就只有灰飛煙滅了。那是誰也不能想像的事。

龍應台與周國平

李泓冰

龍應台在上海的報紙上對上海男人評頭品足了一番，讓上海的男人女人都不舒服，像在眾目睽睽下，無端地成了一盤烤得透紅的龍蝦。各地副刊編輯們則興奮於找到了熱點，將龍應台端出的這盤龍蝦敲骨吸髓、煎炒烹炸地吃了又吃。被形容爲「龍旋風」的龍應台呢，早已坐在瑞士美麗的家中，欣賞並記錄著她的兒子安安的如珠妙語，我們這裏關於上海男人的喋喋不休，渾不關那個家中的痛癢。

我讀著龍應台的自選集《女人與小人》（上海文藝出版社），這是用女權主義的肝膽、憐愛與自得交織的慈母心腸熬成了一鍋滾湯。嫁了德國丈夫的龍應台，時時有意無意地褒揚西方男性而對東方的偉丈夫心存不敬。

我一直對住在大洋彼岸享受著西方、又對東方恨鐵不成鋼的同胞存著幾分腹誹。真有責任感，何不回國盡忠盡孝？隔著天窗，說著亮話，總讓吃不到葡萄的我酸得難以下嚥。

龍應台這顆遙遠的酸葡萄，嚼在我嘴裏原是過癮得很的。那會兒和同學們都是壯懷激烈、以天下爲己任的年紀，初入社會，事事都有逆鱗之痛，凡重擊中國人積弊的文字，如龍應台的《中國人，你爲何不生氣？》之類，均覺如飲狂泉。重讀龍應台，對那種俯拾即是的偏激、張狂、武斷、自以爲是，卻覺得觸目得很，感慨地想：年輕時真是幼稚，竟看不出來！

扔下龍應台，拾起周國平，也是散文集，《守望的距離》（東方出版社）。如果說龍應台是「旋風」的話，周國平是潤物無聲的「細雨」，或者說像二三老友端坐於書齋，把著淡酒浮出的細語。平和、寬容、有味，不疾不徐，從容古今，從容情感，間或也有些淺淺的憂鬱。讀了不會讓你有激賞的衝動，只是些微的嘆服。周國平生於上海、學於上海，在廣西度過十年的深山歲月，由考研而定居北京。只有生長於斯的學者，才能得博大精深的中國文化的真傳，箇中感受真是我們這些一同走過時代風雨的人才冷暖自知。從容與寬厚掩住的痛苦，不足爲外人道，對自己人則不必說，全能心領神會。所以

周國平索性這樣標題：〈爲自己寫，給朋友讀〉、〈生命本來沒有名字〉……

讀周國平，像讀中國古代哲人的書一樣，讓人沉靜，讓人出世。讀龍應台，讓人入世，讓人痛楚、激動，想和人爭吵。

本來書架上這兩位的書早就擱在一起，也不曾起過衝突，有過比較。最近恰巧前後腳地閒讀龍、周，就對自己起了疑惑：何以對龍前恭後倨，而對周卻網開一面？我驚覺到，真是上了年紀了，開始將擊劍長嘯、白眼看人視爲膚淺了。

驚後反省，得了一個結論：今天的東方，其實更需要的是龍應台，而不是周國平。對自己的毛病，有痛楚才會下決心去根治，我們還沒有到享受從容的時刻。周國平的境界，怕倒是能解了西方人的愁結。可是，東方獨多周國平，龍應台卻遠嫁西方，所謂「橘逾淮爲枳」。

雖然仍是私心不以龍應台爲然，還是決定，從此多讀些「旋風」文字，少讀些周國平。梁啟超早就呼喚「少年中國」，幾代人又過去了，總得更多一些中國人有少年激情才成呵！

啊，上海男人！

王戰華

1

上海有一份大報在去年曾發表了一位頗有些名氣的「台灣女人」龍應台的文章〈啊，上海男人！〉。

龍作家這篇行文在上海男人當中炸開了，有實力的「大手筆」便接踵而至地發表高見。

我先後讀過〈捧不起的「上海男人」〉、〈也說「上海男人」〉和〈理解上海男人〉。

這些文章自然不乏高手之作，說是龍旋風一篇〈啊，上海男人！〉，把滬上的鬚眉一

筆橫掃。卻原來「龍女士祭的是她心目中理想的男子形象，從那深自失落又強顏調侃的語調，我推測，這甚至可以說就是她的整個人生理想。」

虛構「世界稀有品種」的「上海男人」雖有意無意，但卻「因爲內心的矛盾，導致邏輯的混亂，結果非但證明不了什麼，反倒多了一大團困惑。」

一個並非是正宗上海人、但卻在上海生活了多年的作者認爲，自己向來不贊成以地域劃分籠統地對人，對男人、女人去概括出某個特徵來進行褒貶評說。他正因爲在上海生活了多年，才對上海男人和女人看出了一些道理來的。因此，雖然龍作家去了那麼多地方，屬「非常解放的女人」，卻看不出上海男人不少把「怕老婆」掛在嘴上或裝著「怕老婆」，實際是夫妻關係的一種善意「謀略」。一個真正的男子漢爲何非要去與自己老婆爭高低呢？上海衡量男子氣的主要依據並非在於做不做家務和是不是與老婆逞強。爲此，他設想，龍作家倘能多來幾次上海，她的看法才不致於偏頗。

一位與龍作家有過「若干次興致高漲的交往」的文化人士則闡明，上海從前是，今天又再次成爲全國乃至世界的文、經重鎮，與上海男人的這種性格內質不無關係。該文直截了當地指出，上海在龍女士的筆下被喚作一個「迷人」的城市，難道這「迷人」之中就不包括上海男人這一項精美而別致的人性軟性？他想，能嫁個如意的上海郎君，當是當今女人的一種緣份呢！

2

老實說，對見多識廣的龍作家的這番文字，我並沒有產生「驚訝」，抑或她大作中確有「虛構」的成份，但我想，可能其在著文時更集中、更典型了吧！因此，對此，本不值得「大驚小怪」。

倒是「謀略」之說更爲精彩些。不與老婆「爭高低」的男子漢，難道不更具有大丈夫氣概嗎？也許確切地說，在上海這「迷人」的都市中還應包括上海男人這一項精美而別致的「人性軟性」之說，更能包涵出一種具有文化韻味的特色。

然而，我們似乎覺得如上這些文字，確實是將上海男人集焦在了人們的視角點上，由於受視角的所限，而沒有在與上海男人同構成一幅風景的女人方面進行挖掘。不錯，龍作家的一段文字相當精彩，「在公共領域裏，社會的資源和權力仍舊掌握在男人的手

裏。上海女人說起來如何厲害、如何能幹，顯然還跼限在私有領域中。」

在爲這段文字喝彩的同時，我認爲龍作家似乎還未能深入一下來了解上海女人。其實，上海男人的這種「謀略」倒確是讓女人給薰陶出來的。

記得有統計說，上海的男性在全球範圍來說，是最辛苦的。他們要在家庭中充當一個很不容易的角色，這使得這些男子在夾縫中練就了一種生存、斡旋的本領。

前不久，上海曾有統計說上海婦女有六〇%占據家中的主導地位，上海女性的平均工資在全國僅低於廣東肇慶。在被調查的婦女中有六六·六%的人認爲「男女平等」，一九·四%的人則認爲「女性更優越」。這種比例比全國平均數分別高出七·六與二·一四個百分點。上海婦女對自己的家庭地位高度滿意，其滿意的程度從國際上比較也僅次於瑞典，高於法、英、美等國。同期的一則調查表明：上海女子對男子的心理需求處在兩難境地之中，「既能主內，又能主外，事業家庭兩不誤」。這種近於挑剔的衡量標準，反映在當今男子在事業中的成就不及在家庭中所占的地位時，上海女子便說男子缺乏陽剛之氣了。這不是反映出上海女子的矛盾心態和上海男子的不易嗎？

有什麼樣的女子，便會有什麼樣的男人，這是個至理名言。

時在四〇年代，謝冰瑩就在文章中寫道：「有人說上海像洋場少婦，杭州是大家閨秀，蘇州是小家碧玉，重慶是徐娘半老。」事實上，上海女子的一個重要特色，不同於廣東的「靚」，也有別於老北京話中的「俊」、「俏」，這就是「嗲」。一個「嗲」字，風情萬種，能將上海女子本質中的柔軟一面盡展現。

任何事物都有兩面性，與風情萬種「嗲」字相配的另一面是一個「作」字。許多異地人都不知「作」字何解釋，但上海本地人、尤其是上海男人則是肯定能領教的。（大約「作」字可解釋爲「胡說蠻纏」吧）隨著婦女地位的提高，「嗲」字逐漸被「作」字所替代，「嗲」的風情只怕是今日回憶，或只能在天真爛漫的小女孩那兒還留有痕跡吧！

可能正因爲龍作家對這些深層的風俗意義上的問題認識不透，故而只能作些浮光掠影的表象圖解。這本也怨不得人家，畢竟來說，「台灣女人」不同於「大陸女人」，更不同於「上海女人」。不過，其文還是透露出上海女人厲害的一面。對此曾作過研究的一位先生說，上海男子在文明的進步中，更多地吸取了一些知識的養料，學會了忍耐和顧全大局；而女子則停留在原地。作爲生於斯、長於斯的本人則認爲，龍作家的「爲什麼當女權得到伸張的時候，男人就取代女人成爲受虐者？」提示，雖以瑞典呼籲成立保護男人組織爲例，倒確應引起上海女人思索。

有「謀略」的上海男人，畢竟是有風度的！

爲上海男人說句話

楊長榮

報章雜誌及天南地北的雜談閒聊，時有對上海人，特別是對上海男人的評論，往往帶貶意的居多。但好像上海人一般不太把這當回事，很少有人起而辯解、駁斥。一部電視劇，被認爲是寫了一羣敢做不敢當、親生孩子都不敢認的上海男人，引來一片非議譴責聲，也不見有什麼上海人跳將出來理論一番。這回龍應台對上海男人霧裏看花地評了幾句，卻是引起了一點反響，甚至有一兩位著名的作家也忍不住撰文反擊了。或許因爲龍應台來自台灣？或許因爲她是女性？對異性的評價看得更重一些，也是有的。

我也是個女性，道道地地的北方女人。原籍山東，在內蒙古、北京轉戰多年，近幾年才拿著浙江的俸祿來上海工作。據我的觀察，倘若一定要以地域爲背景來評判，比較優秀的男人，還是要算上海男人。

因我是女人，常常免不了透過女人看男人。說上海男人優秀，首先就是因爲上海女人是中國女人風景畫中的一抹亮色。一次在北京，一羣人認真地坐了半天，給各地女人打分。有說大連、青島女人漂亮的，有說新疆、雲南異族女人別有風情的，我則說，看看三四十，五六十歲的女人仍有女人本色的，也只有上海了。大家細細擺比一番，給了上海女人最高分。中國有中國的國情，女人是「半邊天」，磨拳擦掌、拳打腳踢在社會的大舞台上，社會角色不斷強化，性別意識不斷弱化，細細體味，有多少女人已經少有女人味了?上海女人也一樣撐起了「半邊天」，但仍保留著不少的嬌、嫵媚和嗲樣，瞧著還像女人樣，這實在是上海男人的功勞!

對上海男人的貶，往往集中在「懼內」呀、做家務呀，等等，以證明其全無男子氣。照我看，男人跟女人相依相存，那些女人變得不像女人的地方，男人中也一定少有真正意義上的男子漢。上海男人幾十年來裏裏外外極細心又極耐心地呵護關愛自己的女人，也包括替她們、幫她們拎菜籃、提掃把、下廚房，才使同樣在社會戰場上摸爬滾打的老婆還像個女人樣，這才是有底氣、有力度的男子漢的表現。相反，袖手看著自己在外謀一份生計的女人蓬頭垢面回家後，接著再做一份老媽子活的男人，肯定不是真正的男子漢！不會憐香惜玉，還算什麼男人！

所以我說上海的男人們，你們實在不必聽到一個叫龍應台的台灣女人說了幾句不中聽的話就沉不住氣了，還是一如你們既往的態度：一笑了之或一哼了之，然後，繼續當你們的男子漢。

對了，我家有女快長成，我還真希望她能帶個上海女婿回家呢。

龍應台和「捧不起的上海男人」

胡　妍

熱衷社會文化批評並對婦運抱同樣熱忱的龍應台女士，不久前在上海引起了一番不大不小的轟動。龍女士以台灣女人的身分和在歐美生活了二十年的閱歷，在一篇題爲〈啊，上海男人！〉的錦繡文章裏，不無驚喜地發現：上海男人在大陸男人中自成一格，「是一個世界的稀有品種」。龍女士盛讚「上海男人竟然如此可愛：他可以買菜燒飯拖地而不覺得自己低下，他可以洗女人的衣服而不覺得自己卑賤……」，「這才是真正海闊天空的男人！我們二十世紀追求解放的新女性所夢寐以求的，不就是這種從英雄的迷思中解放出來的、既溫柔又坦蕩的男人嗎？」

龍女士之作如是觀，是在於長年來，她觀察著台灣和西方世界婦女的生活，看到她們每一步的邁出都連帶了痛苦的掙扎。她以爲，在這個當口，「上海的男女關係爲我們開拓了新的視野」。想不到的是，上海男人此番卻並不那麼「海闊天空」、「溫柔坦蕩」，面對龍女士的讚譽，上海男人的一個直接的反應是：龍捲風颳上門來了！

上海男人並不「受寵若驚」，也不「知遇圖報」，反倒有些「恩將仇報」的意思。他們寧願做「捧不起的上海男人」。他們說：下廚的上海男人像中國大陸其他地方的男人一樣普遍，而中國特色的家務分工如男人下廚，「與女子是否占有家庭乃至社會的話語權」，「是兩回事」。他們很不屑「稀有品種」——哪怕是「世界級」的——或「男女平權先鋒」等等的桂冠和讚譽。本來，龍女士在感嘆上海男人的「溫柔坦蕩」和「稀有」的同時，對上海男人的「遭遇」是懷了由衷的關懷顧惜的，或者按龍女士更明確深刻的表達，她感到疑惑的是：爲什麼當女權得到伸張的時候，男人就取代女人成爲受虐者？龍女士之如是想，是因爲她在上海，由男人的操持家務，「溫柔、坦蕩」進而看到了男人的「受虐」，用上海話來說就是嚴重的「妻管嚴」。龍女士的本意是要說：「妻管嚴」雖無關主義或原則，但如果作爲男女平權的一種證明，恐怕是曲解了婦女解放。龍女士怕的是上海女人的解放過了頭！

龍女士的想法當然不無正確處，但她的擔憂卻幾乎是多餘的。關於「妻管嚴」，最

有發言權的應當還是上海男人，不如來聽聽他們的說法：「……在人前宣傳、誇耀自己懼內的，他的懼內就很可懷疑。有的是從反面來顯示自己的紳士風度，有的則可能是在爲另覓新歡制造輿論，甚至可能是有針對性地下誘餌。」（以上及以下有關的引用均引自上海男人的新作〈捧不起的「上海男人」〉）。龍女士當然是看到上海的男女關係其實尚不是真正平等的（如在所謂的菁英圈裏，碰來碰去都是男人，社會的資源和權力仍然掌握在男人手裏，凡此等等）。但她從上海男子的「溫柔坦蕩」和大陸、上海女人的「抬頭挺胸」中看到了希望、看到了變化，甚至看出了「矯枉過正」、「物極必反」的隱患——想不到這次卻看走了眼，上海男人自述「懼內」是花招，是技巧，是風度。又如龍女士說：「這有關柴米油鹽醬醋茶的一回事卻是我眼中轟轟烈烈的大成就」的男子操持家務，根本上也不是因了上海男人天生「溫柔坦蕩」的緣故，或上海的風俗就是比別處平等、開放而使然。當然，一方水土養一方人的原因也是存在的，那便是上海這地方講現實，上海的男人也比較識時務，但識的並不是「男女當平等」的婦運道理。雖然他們個個說男女平等是應當的，在上海已根本不是什麼問題，而是「經濟是基礎」的道理。一如他們「務實」地心知肚明的，這「是中國大陸特有的經濟生活條件造成」的：

既然老婆也就業掙錢的，而且是「同工同酬」，一定要老婆燒飯這句話就不大好說了！

龍女士曾說，在一個陌生的城市裏，只要側耳聽聽人們蜚短流長地說些什麼，大概就可以探知這個城市的文化特質。現在，龍女士知道上海這個城市的特質了嗎？或者說更知道上海的男人了嗎？「他可以輕聲細語地和女人說話而不覺得自己少了男子氣概，他可以讓女人逞強而不覺得自己懦弱，他可以欣賞妻子成功而不覺得自己失敗。」他可洗衣服，可以做家務，可以比別地的男子「溫柔坦蕩」……，然而，他不可以被你這樣**說——換句話說，這一切，你不可以這樣直截了當地說出來，尤其是說他「受虐」，還是被女子——別的「虐」猶可受，女子的「虐」則萬萬不能受！因他終究是男人，是中國的男人。儘管是不可多得地「稀有」，或「溫柔坦蕩」到「像個彎豆芽」。在這一種「男人的氣概」上，上海的男人從來是一點不比別地的男人差的。**

這裏，龍女士的另一個解說或許也是應當記取的：說上海的男人女人如何如何，就好像是在說中國人勤奮，義大利人熱情，德國人缺乏幽默感一樣，難免不是一種以偏概全。龍女士曾十分地奇怪，在上海這座城市裏，「流言的主角竟是男人，被虐待的是男人」——而若果我們，或龍女士稍稍地移動一下「以偏概全」的角度，聽到的或許是另

一種完全不同的關於「男性雄風」的「流言」呢！

我抗議

編輯先生：

這是一封海外讀者的抗議信。

從最近一期一九九七年五月十六日全球中文電腦期刊《華夏文摘》上讀到你報發表的台灣龍應台〈啊，上海的男人〉一文，有種被人侮辱的感覺。

《文匯報》作爲有上海特色的且在中國有一定影響的報紙，竟公然在本鄉本土上登載這篇侮辱調侃上海男人，有明顯好惡傾向的文章，不僅有失公正而且嚴重損害了家鄉父老尤其是上海男人的感情！同時也深深地傷害了許許多多在海外的上海男人的心！本人作爲上海男人，在此向你報深表失望！並擬在海外全球中文網路上組織一次由海外上海男人參加的申討對《文匯報》登載〈啊，上海男人〉的活動，以示抗議。

新聞和寫作一樣具有高度自由性。但報社辦報也是一種商業行爲。你報不顧讀者感情，發表這種不友好的有辱滬上男子形象的文章，只會遭到更多讀者的不滿和唾棄！有鑑於此，本人及周圍許多上海籍男士已通知其在滬家屬停止訂閱下一季（年）度的《文匯報》，也許對你們官辦的已擁有千萬訂戶的報紙是微不足道的，但我們則以這種方式來表達對你報最大不滿！並且在今後相當長的時間內，本人不會再看《文匯報》，同時相信許多讀者會跟我一樣如此做，因爲任何讀者不會去買去看一份曾經傷害過他們感情的報紙……

順便告知，在海外的上海男人同在國內的絕大多數上海男人一樣，很努力也很優秀。他們非常關注、熱愛家鄉上海。爲什麼你報不多報導這些素材呢？

最後建議你報向讀者作一次公開的道歉，爲了你們的嚴重過失。

在海外上海男人康議（寄自加拿大蒙特利爾市）

一九九七年五月

上海男人，累啊！

唐　英

我在法國看到龍應台女士的那篇〈啊，上海男人〉時，已是一九九七年的五月。據說此文曾引起軒然大波，必定是有過一翻熱鬧的爭論吧，結果如何我不知道。但作爲一個地道的大陸女人，並且有過國外生活經歷的我，對於龍女士對上海男人和上海女人的尖刻判評，我不敢苟同。

作爲「一個台灣女人，在美國和歐洲生活了二十年」，龍女士真的是「旁觀者清」啊！她不知道台灣女人可以「就是願意做個小女人嘛！」，德國女人可以舒舒服服地「賢妻良母」，可是大陸的女人做不起。大陸女人的事業犧牲得起，那份工作和工資卻是犧牲不起的。對於千百萬普通的大陸家庭而言，光靠男人的收入是難以支撐得起一個家庭的，女人想不工作都不行。何況沒有工作的女人，沒有勞保，沒有醫療，沒有組織

可以依靠，你那個男人，靠得住嗎？

龍女士從來沒住過一家三口擠在一間十二平方米的房子吧？沒有廚房，沒有廁所，沒有浴室。所謂的家，就是那唯一一間陰暗潮濕的小屋。就這間集體宿舍還是女人厚了臉皮賴來的。沒有洗衣機，根本就不可能裝得下。電壓不夠也接不上水管。女人每天爲孩子洗尿布，洗乾淨的尿布夏天掛在房間裡往下滴水，地板上鋪著一塊塊乾毛巾，天花板上，因爲不斷上升的水氣而長了斑斑點點的綠霉。

女人每天去買菜，在菜市場和人討價還價，她不精明點就會吃虧上當。她面容疲累，一副凶巴巴的黃臉婆模樣，怎麼看也不溫柔。早晚上下班的時候就更不能溫柔了，否則甭想擠得上高峰時的公共汽車。

龍女士誇讚德國女人的溫柔，爲了丈夫的事業可以拋棄工作，留守家中，甘做主婦。現在德國失業嚴重，最先丟工作的總是女人。好在丟掉工作並不等於丟掉飯碗，男人的那一份工作已足以一家人過上舒適的日子了。而這沒有工作的女人因爲發達的社會福利和保險制度，無論出現什麼情況，生病得癌症也好，由於種種原因沒了男人也好，她總是有依有靠，不會不踏實。何況，這主婦也做得體面。

早上開車送走兒子和丈夫，一個去上學，一個去上班。主婦接著去俱樂部做有氧運動，然後穿著高跟鞋，光鮮亮麗地開著汽車去超級市場買東西。她推了一輛購物小車進去，新鮮的水果蔬菜雞鴨魚肉都明碼標價，價格適中。她很快採購齊備，碰見女人聊了會兒天，又去喝杯咖啡，再開車回家。回到家就可以「擦窗玻璃，擦呀擦呀擦得一塵不染，等著男人回來誇獎」。

她沒有聽說過尿布，家裡總是洗衣機和洗碗機，她手上抹著漂亮的指甲油，沒有汽車不會走路。她從不會和人爭吵，不會風風火火地奔跑。她溫柔而賢惠。

可大陸女人不行。在搖晃擁擠的公共汽車上她得抱得動孩子；在丈夫不在的時候，她得扛得動煤氣罐。她溫柔不得，粗糙一點才做得了大陸女人。

逢著女人靠男人討飯，男人自然也神氣起來，何況他有工作有房子有汽車，而沒有分房子憑職稱等錯綜複雜的頭疼事讓女人有機可趁地指責他。他又如何男人不起來？女人不工作在家裡把家務做得一清二爽，所以德國的男人們也決不會像龍女士筆下的上海男人一樣「低下」地買菜燒飯拖地，「卑賤」地洗女人的衣服。

上海男人無可選擇。女人工作家庭兩頭跑，和他一樣，所以他無論如何也不能袖手

旁觀，菜要買，地要拖，他無法不分擔。即使這女人不溫柔。女人頂著一頭灰臉在哭罵：工作十五年了還沒分到房子，這狗窩還是我搞來的！舊房子要拆遷了，借房住的人一律滾蛋。我們往哪裡去？是男子漢，要老婆孩子，就該有地方養老婆孩子！窩囊廢！

本來分房子該排到他了，可又不知給誰的後門擠了下去。他也有氣啊！女人可以因此而罵他是窩囊廢，他卻不可以去罵單位領導是混蛋東西王八蛋。

他又如何男子漢得起來！守大門的老頭同志，公共汽車上的售票員小姐，托兒所的小阿姨們，樓上樓下左鄰右居，上級下級同事領導，他都小心翼翼得罪不起；羣眾關係，鄰里關係，上下級關係，同事關係，攪得他難以招架，啊！一個關係處理不好他都會倒楣。夫妻關係上他不以退爲進，再跟自家人過意不去還有什麼意思？你讓他鼓著胸肌揍女人出氣以顯示男子氣概嗎？

事實上每日騎著單車，拎著帶魚回家的上海男人們也根本沒有時間和精力去錘煉胸大肌，無法像衣食不愁的西方男人一樣拚命運動賣弄肌肉以顯示雄性魅力。上海男人們知道壓在他們身上以及他們妻子身上的生活擔子有多重。他們和千千萬萬個大陸男人一樣整日爲生活奔波忙碌。他們忍耐堅強，包容體貼，懂得分擔。上海的女人們，你可懂得珍惜？

我的不安

〈啊，上海男人！〉被簡單地解讀爲「橫掃」上海鬚眉的文章，倒是令我訝異。有些是不需要辯解的。說上海男人女人如何如何當然是一種誇張的以偏概全，就好像人們說中國人勤奮，義大利人熱情，德國人缺乏幽默感一樣，以偏概全有如卡通人物造型，加粗赫魯雪夫的眉毛，突出愛因斯坦的鼻子，求的不是科學的吻合而是藝術的神似。

有些是字義的誤會。在上海接觸「所謂」文化菁英，加上了「所謂」二字，有人解釋爲：我顯然不把我在上海認識的教授作家學者們當作文化菁英，何其不敬。

這個理解錯了。「所謂」兩字是爲「菁英」而加的。在社會價值越來越多元化的今日，我對「菁英」這樣的字眼不敢輕易使用，因爲它可能膨脹了知識階層在一個社會裏真正的作用。我自己也是「所謂」文化菁英、「所謂」高級知識份子、「所謂」名作家。在職業一欄，從來不填「作家」，因爲那「一家之言」的「家」字也令我不安。我是個「作者」，那就沒有「所謂」了。

至於說，必得長期地生活在上海才能對上海人有所理解，我倒覺得未必。我不可能寫出〈啊，台北男人！〉的文章，正因爲我是台北人的一分子，長期的熟悉使人對身邊的環境見怪不怪，失去敏銳的觸覺。身在其中的觀察，也因爲缺少必要的距離，往往見樹不見林，看不見全貌。對一個羣體或城市的理解，那初識的驚訝來自最新鮮的眼光、最直接的碰撞，所得到的透視往往不是浸淫其中能夠取代的。多去幾次上海，我將漸漸失去這最原始新鮮的眼光。

〈啊，上海男人！〉表面上是篇談上海男人特質的遊戲文章，但是所謂男人的特質當然得由他對女人的態度來界定。文章裏實際的核心其實是兩個嚴肅的問題：上海的男女真平等嗎？從社會主義的模式出發，男女平等，互敬互愛的前景又是什麼？

我自己沒有答案，自私地想聽聽上海人的看法。陸、沈、吳三位先生對上海男人的特質多所著墨，吳正的解析尤其精闢有趣。他們對上海男人看法彼此不盡同意，但是對

男女平等的問題倒有一點兒一致性：吳正覺得上海和美國、香港一樣，男女競爭機會均等。陸壽鈞認爲「絕大多數的上海人，不管是男人和女人，對男女平等，互敬互愛的前景還是十分樂觀的。」沈善增則斷言男女平等在上海根本不是問題，只有「吃飽了飯沒事幹」的男人女人才會製造出這樣的問題來消遣時間。

是這樣嗎？我們可以看看另一個中國社會。台灣也是一個，用陸壽鈞的上海話來說，「女作者、女記者、女導演、女學者不要太多喔」的地方。掌管文化的最高主管也是一位女性。但是這些表面現象不應該使我們忘了審視那眼睛看不見的地方。台灣也有各式各樣的法律保護兩性的平權，實際情況與法律條文之間卻有極大的距離：

——雖然有同工同酬的規定，女性平均工資只有男性的六十八%。

——雖然憲法寫著「國民受教育機會一律平等」，男性完成小學教育的比例是女性的八．六倍，完成初中的機率高三．六倍，而受高中以上程度的機率則高出四倍。

——雖然遺產法規定子與女權益相等，但是八十%的家庭只分遺產給兒子；在剩餘的二十%中，八%的家庭給予兒子較多的遺產。

——雖然有「職業婦女福利」的政策擬定，台灣女性勞動參與率只有四十四．八九%（美國五十六%，日本五十一%，瑞典八十%），比男性低了三十%。

——雖然有「落實托育服務增進婦幼福利」的專案，台灣六歲以下的幼兒能夠進入幼兒園的只有總數的四分之一。也就是說，七十%以上的兒童留在家中由母親全天照顧。九十一．七%的殘障者和八十五%的老人也由家庭照料，而照顧者呢，八十%是女性。

——雖然有「兩性就業平等法」的討論，在台灣十五歲到六十四歲有能力勞動而留在家中照料孩子、老人和殘障親人的女性有兩百六十一萬，是全部非勞動女性的七十三．二%。

——民法雖然寫明「夫妻互負同居之義務」，但是台灣的職業婦女每週工作六十五小時，男性工作五十小時。其中婦女在燒飯作菜家務事上每週花二十一小時，比男性多十九小時。亦即台灣職業婦女每年要比男性多做一個月加兩天半的工。（台灣婦女處境白皮書：一九九五）

這些冷冰冰的數字爲我們構出什麼樣的圖畫？那些與男人平起平坐、意興風發的「女作者、女記者、女導演、女學者」在整體的婦女羣中只是少數。那沉默的大多數，在我們看不見的地方，過著她屬於女人的命運：如果只有一個孩子能上大學，那個機會多半給予她的兄弟。做女兒時，她幫助母親操勞家務；結婚之後她要照料夫家父母；生產之後她得養兒育女；兒女成長之後她也許得看護生病的丈夫同時當孫輩的老保母。台灣男人的壽命比女人短六年，而平均結婚年齡男人又長女人三歲。也就是說，女人做了一輩子的保母、母親、媳婦、看護之後，她要守九年的寡，疲憊而孤獨地走向自己的死亡。冷冰冰的數字背面啊，我聽見暗夜的嘆息。

不要以爲台灣的情況是特殊的，台灣婦女與歐美多數國家的婦女只有程度的不同，而沒有實質型態的差別。

婦女運動這幾年來在台灣前所未有地蓬勃發展，而且從大都市逐漸深入草根階層，有它的歷史成因。每一項權利都是婦女在有了自覺之後組織力量爭取而得到的。這種發展型態和歐美國家的婦女相近：她們要爭取的是走出家庭、走向社會的自由和權利。

在這個關口，大陸的婦運工作者和台灣或西方的同道相遇，卻出現了一個「雞同鴨講」的有趣局面。同樣在談解放和女權，可是字面下的真實意義卻正好相反。大陸人覺得西方婦女「落後」，因爲後者所要的工作權是他們早就有的。社會主義新中國一開始就讓女人穿上男人的衣服、扛起男人的負重、培養男兒的志氣。多少四十歲這一代大陸女性是在「假小子」的風氣中啟蒙成長的。大陸的婦女先進現在要爭取的，反而是重新成爲女人的自由與權利。她們想從男性化了的、中性化了的價值觀束縛中衝出來，重新體認女人的氣質，肯定女性本身的尊嚴。

台灣和西方婦女卻也覺得大陸的婦運「落後」；「女人」的角色是他們早就看破了而試圖擺脫的，正是所謂女人的氣質、女人的尊嚴、女人的特質，使女人長期處於「第二性」的劣勢。婦運怎麼能往回走？

過度簡化地來表達，就是說，台灣和西方婦女想從家庭走進社會，而大陸的婦女想從社會走回家庭。前者試圖從女性的窠臼走向泯滅性別差異的中性，後者試圖從中性的窠臼赴向性別差異分明的女性。因爲出發的位置就不一樣，方向也截然不同。雞同鴨講，一團混亂。

在這種交織錯雜的背景中，我認識了上海的男性。看見他們心甘情願地、熟稔地操

持家務，我第一次具體地理解了中國的婦女解放是如何直接地受惠於馬克思主義。台灣婦女、西方婦女痛苦掙扎了一百年而仍舊無法獲得的權利，在社會主義中國卻是最基本的實踐。陸壽鈞說，「上海的男人和女人早已不把它當一回事了」；這有關柴米油鹽醬醋茶的一回事卻是我眼中轟轟烈烈的大成就。

然後呢？男人煮飯拖地之後，從此就和女人過著幸福快樂的人生？男女平等的烏托邦已經締造，如沈善增所說，「吃飽飯沒事幹」的人才去追問？對不起，我很懷疑。說這種話的人是否讀過任何一本關於婦女處境的書？河南大學李小江寫過：

「中國婦女是兩面性的。正面是一個獨立的人，權利平等，經濟自立，是新中國的主人；背後卻扛著一個沉重的家，依然是傳統的，是家庭的主人抑或是奴隸？女人把正面展示給社會，社會因此顯得更加文明進步；她把背面留給自己，累在身上，苦在心裏。兩面夾攻下，有新生的，有傳統的，唯獨仍然看不見女人自己——女性主體意識淹沒在社會和家庭雙重角色中。」（《走向女人》，一九九五）

顯然社會主義制度中的姊妹們和我們資本主義結構中的婦女一樣有雙重負荷的問題；負荷的包裝和名目也許有異，重量，卻沒什麼不同。不堪負荷的職業婦女利用上班時間趕做自己的家務，並不令人意外。（盧漢龍：「來自各體的報告——上海市民生活質量分析」，《社會學研究》，一九九〇年第一期）。

甚至於許多人認爲理所當然的工作權和教育權，法律與實際之間是不是沒有距離？在南通市，一些企業所解雇的女工佔所有被解雇員工的七十%，爲什麼？一九八八年，中國學齡兒童未入學的有八十三%是女孩子；三百萬中途輟學的孩子有七十%是女生，又是爲什麼？全國平均每六個成年人中就有一個是文盲，而婦女卻平均每四．五人中就有一個文盲。（《性別與中國》，北京三聯，一九九四）

這又代表了什麼？

曾經是「假小子」老三屆的李小江回顧她成長的過程，滿腹辛酸：「我們這一代女性，曾經經歷過無美也不能放縱愛情的青春。我們曾經在尋求解放的道路上丟失了性

別，最終丟失了自己。因此，我們有權利：以殘破的青春的名義，以失落的女人的名義，向歷史、向文明、向生活、甚至向我們自己發難。」

我在上海街頭也看見老三居女性隱約的身影：那開計程車來養小孩的司機，那兜售靈骨塔牌位的推銷員，那剛剛離了婚想嫁個外國人帶孩子遠走高飛的飯店會計。每個人都抱著一個殘破的青春、沉重的負擔，努力地往前邁進。有誰又真正想理解他們「丟失了性別，丟失了自己」的傷痛究竟是種什麼樣的傷痛？

我也收到過七十歲的老婦人寄自上海的來信，解釋爲什麼在我的簽名會上可以見到老先生卻絕見不到年紀大的女讀者：「……我們這一代人，辛辛苦苦工作一輩子，做完工作回家還有小孩和家務。現在好不容易退休了，可又得帶孫子。像我們這樣的人，出門一趟是件非常非常困難的事，我已經很久沒出去了……」

像她這樣的人，屬不屬於「男女平等社會主義精神文明」的美麗世界？

認爲什麼問題都沒有的人又是否知道，中國大陸的女性自殺率居世界第一位而且每年升高？如果知道，他是否思索過爲什麼？如果不知道，現在知道了是否會覺得有所不安？

不安，至少我是不安的。長年來，我觀察著台灣和西方世界婦女的一小步一小步的努力掙扎，每一步的邁出都伴著猶豫和痛苦。上海的男女關係爲我開拓了新的視野；當我在談女人處境的時候，我其實同時在談男人的處境，因爲，如果女人覺得她被雙重負擔壓得透不過氣，如果她覺得丟失了性別和自我造成了心靈和情感的殘障，如果她的女人角色使她疲憊不堪，力不從心，那麼與她共處的男人，下廚也罷，不下廚也罷，怎麼可能生活在幸福快樂中呢？

上海男人的下廚與「懼內」（對不起，不是我說的），可能解決了一種問題但同時開啟了另一種問題。當人人看見女人的「權力」高漲時，就忽略了「權力」不等同「權利」。真正的男女平等基於相對互惠的「權利」而不是任何一方膨脹的「權力」。「妻管嚴」做爲個人抉擇，是個人冷暖自知的事，無關主義或原則；做爲男女平權的一種證明，恐怕反而證明了不平等、不公平、扭曲變形了的婦女解放。我的不安，在此。

上海男人，英國式

〈啊，上海男人〉刊出半年多了，仍在發酵。我的文章引起辯論是常事，引起完全離譜的誤解倒是第一次，而這誤解本身蘊藏著多重的文化意義，令人玩味。

〈上海男人〉在台灣刊出，頭一通電話來自寫詩的好友，大聲抗議，「我們家這個東北男人就是你描繪的上海男人。上海男人太好了，你怎麼能嘲諷他們？」

嘲諷？我怎麼會嘲諷他們，我是在讚美上海男人。

「是嘲諷，不是讚美。」女友堅持著。

一個台北的「上海男人」說：「有一天搭計程車，司機一聽我是上海人，就說，上海男人都怕老婆，煮飯拖地洗廚房，什麼都做。我嚇一跳，怎麼台灣開車的都對上海男人有這個理解。你的文章加深了這個刻板印象。」

我答應朋友們回去再看一遍文章，自我檢討一下，但心裡覺得有點兒委屈：奇怪，我明明想說的是，最解放的男性就是最溫柔的男性，譬如上海男人。爲什麼意思被讀倒了？問題出在哪兒？

上海讀者的反應就更直接了。遠在加拿大的上海男人來信：「《文匯報》作爲有上海特色的在中國有一定影響的報紙，竟公然在本鄉本土上登載這篇侮辱調侃上海男人，有明顯好惡傾向的文章，不僅有失公正而且嚴重損害了家鄉鄉親尤其是上海男人的感情，同時也深深傷害了許多在海外的上海男人的心。本人作爲上海男人……擬在海外全球中文網路上組織一次由海外上海男人參加的申討對《文匯報》登載〈啊，上海男人〉的活動，以示抗議。」

德國的大陸學人組織邀我演講，談的題目無關上海男人，但在發問時，〈啊，上海男人〉又成爲一個話題。在場有許多上海男人，紛紛發言。態度溫文爾雅，言語平和有禮。幾乎每一個上海男人都同意「是的，上海男人是這樣的」，然後試圖解釋這個現象的種種社會成因。在和諧的談話進行中，有另一個聲音突起，標準的北京腔：

「咱們北京男人可不這樣！」

聲音清朗而傲慢。

同時，〈啊，上海男人〉英文版發表了。英國廣播公司 BBC 邀我上電台朗讀〈啊，上海男人〉，一次對英國國內聽眾，一次對國際。不同的電台主持人，都是英國女性，在讀到〈上海男人〉文章時的第一個反應是：「嗄，上海男人那麼好，那麼先進啊？」

我楞了一下。這正是我曾經預期的反應，也是我寫〈啊，上海男人〉的本意；終於有人「讀通」了這篇文章！但是，這究竟是怎麼回事啊，為什麼中文讀者的反應完全相反？這與預設立場有關嗎？

英國人發現〈啊，上海男人〉如此有趣，文章所提出的問題如此複雜而重要，朗讀不夠，還要在朗讀後進行討論。討論的主題就是文章的主題：當男性真的解放成溫柔的好男人時，女性是否反而認為他們失去魅力？這種矛盾怎麼面對？

除了我之外，BBC 還請到一位專門研究阿拉伯社會的女學者，從回教社會的角度看問題。為了平衡，還想找一男性參與討論，而這位男性最好持與我相反的論點，也就是說，他認為男人必須是孔武有力、強悍陽剛的，否則女人心底會瞧不起他。「你認識什麼這樣的男人嗎？」製作人在電話中問我。

「哦，」我回答，「這樣的男人台北很多，北京也顯然不少，德國更是滿街走。但是爲了錄音方便，你還是找個倫敦男人吧！」

距離約好的錄音時間只有一天了，製作人從倫敦來電話，有點兒氣急敗壞：「應台，糟了，政治正確在倫敦太厲害了，我找不到一個英國男人願意代表那個大男人立場的！」

有這種事？我握著電話驚異不已，這世界真的變了。倫敦可是另一個上海？

錄音時間到了。我坐在法蘭克福的 BBC 錄音室，其他的人坐在倫敦 BBC 的總部。最終也沒找到一個「大男人」。出席的男性，傑夫，是倫敦《男性健康》雜誌的總編輯，英國人。製作人先放我朗讀〈啊，上海男人〉的錄音讓他們聽，再請與會者對文章發表感想。我聽見叫傑夫的男人用標準的倫敦腔英語說：

「我太吃驚了。到今天我才知道，原來我是『上海男人』！龍應台描寫的根本就是我嘛。我和女朋友同居好多年，她是個記者，比我還忙。我什麼都做：買菜、燒飯、洗衣服……也洗她的衣服，當然洗她的內褲。我從來就沒覺得這是女人的事，她也認爲天經地義，並不因此認爲我是什麼特別的好男人。

做『上海男人』我覺得很舒服，怎麼說呢？因爲我沒有非做大男人不可的那種壓力，所以輕鬆多了。我事業可以失敗，我可以懶惰，可以不拚著命上進，可以不競爭，可以哭，可以軟弱，可以我行我素、自然瀟灑。做大男人，多累啊！

看看周圍的朋友嘛，也都和我一樣什麼家事都做。我簡直不能想像那只是女人的事。做『上海男人』，挺好的，我喜歡。」

節目終了，製作人讓我們聽一段錄音——她終於找到了一個非洲男人，用口音很重的英語說：

「我不可能去煮飯拖地，那是女人的事。我要是去做那些事，會被其他的男人笑死，所有的女人也要瞧不起我，使我抬不起頭來。不不不，那我們可不是『上海男人』！」

〈啊，上海男人〉在 BBC 國際電台上連續播了三次。

我沒想到，〈啊，上海男人〉會變成一篇「後設小說」，文章正文所描繪的現象是一個故事；不同文化、不同處境裡的讀者對文章的懸殊反應是另一個故事。究竟是我寫倒了，還是讀者讀倒了？爲什麼讀者之間差異如此之大？〈啊，上海男人〉是侮辱或是讚美，最根本的大概還在於我們心中原已深植的價值觀吧。

不過，以後上海灘上若是多了英國女人，我倒不驚訝。

共產國家博物館，活的

我看見他的時候，他已經倒在地上，在騎樓靠馬路的邊上。他渾身髒臭，像隻垃圾堆裏鑽出來的狗。手臂細長，是那種常出現在集中營照片中飢餓不堪的皮包骨的手臂。陽光照著他赤裸的下半身；骯髒的屁股上黏著黑色的蒼蠅。

我以為已經死了，卻發覺他手指動了一下。

我衝進旅館，買了一個肥厚的三明治、一瓶礦泉水，又回到騎樓。路過的女人已經將他扶起，靠牆坐著。下體圍著一個破了洞的塑膠袋。

他閉著眼開始吃我的三明治，但是沒有力氣扭開礦泉水的瓶蓋。女人打開了瓶蓋，將水瓶湊進他的嘴。當他眼睛睜開時，那樣明亮純淨的大眼，我發現他只是個二十歲上下的年輕人，雖然他身體的殘敗像個老人。

破塑膠袋掉下來的時候，我才知道，他是個女孩子。

這個女孩子命不算太壞。她若生在衣索比亞或者孟加拉、巴基斯坦，甚至於墨西哥，她都可能一倒下就沒人理睬，餓死後像野狗一樣被掩埋。

她生在古巴。路過的行人顯然還不習慣路有餓死骨，紛紛停下來，四處找塑膠布爲她遮羞；不嫌她髒臭將她扶起來；有人打電話叫了警察。二十分鐘後，警察就到了，將她送住醫院。在社會主義的古巴，她可以免費接受治療。

可見，像她這樣的人越來越多。八九年東歐革命之後，共產國家一個一個消失，古巴不止在政治上孤立，經濟上更失去了支援。原來和蘇聯以貨換貨，譬如說，白糖換車輛零件，九一年全面停頓。古巴進入前所未有的「非常時期」。

石油沒有了，機器零件沒有了。國內的工業和農業無法運作。糖產減少了一半，肥料從八九年的一百萬噸降到九五年的十萬噸。水泥生產少了四分之三，鋼產減到三分之一。貨運卡車壞了的無法修復，好的沒有油可以開動。一九九六年的國民平均生產額比一九八九年低了百分之四十。

這是一個黑色的惡性循環。生產量減少，所以無法賺得外匯；沒有外匯，就買不起

石油和機器零件；沒有石油和機器零件，所以農工停滯，無法生產。

唯一可以開拓的，是觀光業。古巴的經濟困境主要原因固然是因爲共產集團的消失，然而古巴因此成爲整個西方世界唯一剩餘的共產國家，卻招來了大批觀光客，爭先來看這活的共產國家博物館。一九八九年古巴只有三十一萬個來訪旅客，一九九五年卻有七十四萬。觀光客帶來的外匯成這個共產博物館的生命線。

做爲博物館裏頭被觀看的人，日子可不好過。糧食由國家限量配給：每年每月白米三公斤、豆類半公斤、八十公克的麵包一個。八十公克的麵包比一個孩子的拳頭還小。魚和肉一年難得有幾回。牛奶只有七歲以下的孩子可以分到。也就是說，一個八歲正在換牙的小孩已經喝不到牛奶，得不到鈣質。

家庭主婦的一天充滿緊張和計算。她掐緊手裏的糧食簿，天一亮就趕到指定的商店去等開門。門一開，眼睛先找花生油。糧食簿上寫著每人每月可分到半斤油，但是九六年已經有半年多沒見到油。然後找雞蛋。每人每週可以分到三個蛋，但是已經有好幾個月沒見到雞蛋了。肉，很久很久沒聞到了。

下午四點半，商店在午休之後再度開門。家庭主婦一擁而上，心裏抱著希望：也許下午可以看到食油、雞蛋，說不定竟然有肉。

家裏有孩子的人勢必要在自由市場上向農人額外去買牛奶和雞蛋。可是，誰負擔得起？木匠阿曼告訴我，他的月薪是一百四十披索（七美元），一公升牛奶要二十五披索，他的月薪買不到六盒牛奶。

而市場裏其實其實往往看不到牛奶和雞蛋。養了一隻羊、三隻母豬、一堆雞飛狗跳的農婦解釋說，沒辦法呀。人的糧食都不夠，沒東西可以餵畜牲。她的羊沒有奶，雞也不下蛋。他們自己喝一點豬奶。

日子困難，人就聰明起來。阿曼在他市區中心的公寓裏頭養了兩隻雞。當我看見陽台上的雞籠時，突然恍然大悟。從我敞開的旅館窗口，每天清晨聽見此起彼落的雞叫，我納悶著：在這樣人口密集的市中心，全是樓房和馬路，怎麼會有雞鳴人家？認識木匠阿曼，才知道，多少人家陽台上養著雞呢。甚至有許多人在廚房裏養著一頭羊，擠羊奶喝。

更大膽的人，就從觀光客身邊走去。菸廠工人從工廠裏「節省」下幾盒菸，低價賣給外國人。一盒菸賺到的錢可能十倍於他的月薪。博物館裏的解說員私下為觀光客做翻

譯。月薪二十美元的教授離開了研究室，工程師離開了工廠，小學老師離開了學校。爲我們開車的一對夫妻，五十多歲，原來是工程師和老師，現在開一輛破舊的小車，每天在觀光飯店附近尋找客人。從旅館到機場的車資我給了他們二十美元，已是一個資深工程師的月薪。

農人在田裏犁田；兩頭黃牛拖著木犁，人在後頭推著走。正午十二點的太陽曬著。老農叫阿提拉。只有五十四歲，但有心臟病，所以提早退休。一個月領九十二披索退休金（四．六元美金），不夠活，所以又來種地，當然是國家的，他偷偷來種，還用鐵絲圍了起來，誰也不知道是「竊據國有地」。他種了豆子，有了收成就拿到市場去賣。

「國家欠我的，」人們覺得，所以從公家工廠裏偷一盒菸出來賣或者挖一塊地來種，都是臨機應變的正當行爲。指公家的油來彌補自己困窘還有一個特別名詞，叫「左轉」。要懂得「左轉」，在這「非常時期」才過得下日子。

走過哈瓦那老城區是驚心動魄的。三百年來，靠蔗糖和菸草而富裕的西班牙後裔住在這裏，用最昂負的大理石鋪階梯，用最精美的鏤刻鐵欄做陽台。深藍色的馬賽克洋溢著地中海的風味，細緻的門雕襯脫出閒適的生活情調。上海外灘也許有二十三棟華麗的歐洲建築，哈瓦那卻像兩萬三千棟，一個美麗的建築博物館。

可是，是如何殘破不堪的博物館啊！一九五九年卡斯楚革命成功之後，就蓄意讓代表殖民文化的老區衰敗，轉而致力於農村建設。共黨執政之後，資產階級大量外移，老區的深宅大院一棟一棟空下來。無產階級搬進去，深宅大院變成大雜院。四十年下來，牆壁倒了，露出裏頭的泥土。窗子破了，沒有補上的玻璃。大理石裂了，東一塊西一塊。鏤花鐵欄鏽了斷了，危險地向人刺來。雕樑畫棟垮下來，散出腐朽的濕氣。壁紙翻下來，露出骯髒斑駁的裏牆。人，像老鼠一樣寄居在這黑影幢幢斷垣殘壁之中。

「觀光客初看我們的老城，都會嚇一跳，」我的翻譯說，「他們都問：你們打過什麼戰爭？我只好笑；我們沒打過仗，只是自然地爛掉！」

在「非常時期」，老城連自來水都沒有了。運水車停在街頭，居民用桶子來接水，然後回到自己住的危樓前，不知是第幾層的樓上有人垂下繩索，打個結，把一桶水慢慢吊上去。

不屬於老城的市中心，殘破得沒有老城那麼觸目驚心，卻也窘態畢露。國家買不起汽油了，公車班數減少了，路上有長長的隊伍等著班車回郊區的家，等到天黑。許多人早上要等三個小時來上班，下了班要等三小時車才回得了家。

等車的隊伍旁有堆積起來又散了一地的垃圾。沒有汽油，垃圾車也沒辦法來收垃圾。家家戶戶的垃圾堆起來，堆得太高了就垮下來。一個老頭，穿得整整齊齊的老頭，看見垃圾堆裏有三個空塑膠袋。他拾起來翻來覆去地看。一定是破了的塑膠袋才有人丟掉，這三個都是破的的。他咒罵一聲，仍舊撿起來，帶走了。

街上因為貧窮而帶來的髒，不會使人想到人們的家裏如何乾淨。古巴人對人毫無防禦，每個人都敞開著家門歡迎你進去看，沒有掩飾，沒有祕密，沒有扭捏不安。你可以進入每一家的廚房、臥房、廁所。不管是看哪一家，你發現他們的地板都拖得乾乾淨淨，好像可以在地上揉麵。他們的鍋子，由於用得太久了，都顯得有點薄，但是刷得潔白光亮，沒有一點油污。他們的床，不管是中午還是下午，都整得平平淨淨，而且一定罩著乾淨的床單。他們的冰箱大致空空如也，可是擦洗得清清爽爽，不帶一點氣味。老媽媽坐在廚房裏，桌上一把白米。她戴著老花眼鏡，把白米裏頭的小石子一顆一顆挑出來。

在古巴，連最勤奮苦幹、最會致富的華人都窮得像「教堂裏的老鼠」，這個社會實

在「均貧」得夠徹底。在五九年革命解放之前，這白人殖民的貧富不均的社會，五九年之後變成一個自主的但是均貧的社會。這究竟是進步還是退步呢？

有些進步是眾口皆碑的。卡斯楚在一九六一年展開消滅文盲運動，動員了二十七萬人深入窮鄉僻野教了一百萬人識字。今天第三世界小國古巴的文盲率比超強美國低百分之〇·三。在如此貧窮的國家裏，每六百個人有一個醫生，嬰兒死亡率只有千分之十五，可以與先進國家相提並論。人民的平均壽命高達七十三歲。卡斯楚的社會主義有不可抹煞的成就。

然而，和許多其他國家的共產領袖一樣，卡斯楚也是一個墮落的英雄，從理想走向理想反面，從反獨裁變成獨裁。一九五三年，二十七歲的青年律師卡斯楚率領著學生攻進軍營，與獨裁者巴提斯塔誓不兩立，他是如何的意氣風發，代表著正義，代表著真理，代表著人民的力量。當巴提斯塔的軍事法庭審判他時，他面帶微笑，口若懸河，說「歷史將判我無罪」，又是如何的勇敢自信，使全世界爲他風靡。

一旦他自己掌握了權力，他就變成了壓迫別人獨裁者。成千上萬的古巴人往外逃亡，異議分子不是被關就是被放逐。古巴的作家告訴我，「每五個古巴人就有一個是祕

密警察。」翻譯告訴我，他也有朋友在接觸了地下人權組織之後就「失蹤」了，已經失蹤三年。當我問木匠阿曼對卡斯楚的看法時，他眼睛一睜，「你是祕密警察嗎？」聲音立即小了下來。表面上人人都在爲生計奔走，在看不見的地方，有白色的恐怖。

生活是困苦的，政治是恐怖的，但是古巴人是熱帶民族。來古巴之前，我已經覺得有點難以想像共產主義的古巴。講西班牙語的民族，發明了倫巴、曼波、恰恰恰的民族、愛喝酒唱歌縱情享受的民族——怎麼和共產主義結合呢？認識了古巴之後，發覺這樣想的不只我一個。

幾個長頭髮的年輕人坐著喝啤酒。一個說：「共產主義是蘇聯人搞的東西。他們是冰天雪地裏的動物，什麼都是硬梆梆的、悲壯嚴肅的。卡斯楚出了一個大紕漏：他忘了我們是拉美人。」

另一個說：「我們的共產主義是逗笑的。」

另一個摸摸肚皮說：「不是逗笑，是飢餓的。」

於是我說：「你們很快就會成爲世界唯一的共產黨國家，也許應該就現狀保留起來，作爲共產主義博物館?!」

三個人同時轉過臉來面對著我，異口同聲說：「這個玩笑開不得！」

畢竟還是椰子樹下愛跳舞愛音樂的民族。每天照例停電數小時，人們會湧向街上，無所事事地坐在門口階梯大聲地笑談。孩子們打著赤腳在廢墟上打起棒球。球，是個軟木頭塞；棒，是廢銅爛鐵堆裏撿來的木柴。叫「全壘打」的歡呼響遍街頭。老頭們湊上四個就在街心擺上一張小方桌，坐在缺了腿的木椅或運貨的木盒上，打起牌來。四個老頭坐著打，肯定有八個老頭站著看。海灘上，不要付錢的清風吹著，明月亮著，情侶一對一對依傍著散步。一個樂隊組合了起來，就在一棟破舊似鬼屋的房子前頭，面對著大海，乒乒乓乓敲打起來。路過的人全扭著身體邊舞邊走……

曼努爾的獨白

——坐在藍色的加勒比海畔，聽一個古巴人談生活；海鷗不時從頭上掠過。

我是印刷廠的會計，三十八歲，離過婚，有一個五歲的女兒，跟她媽住在城外。

我們用的機器，你看見的，都是一百年的老機器了。在國外聽說只有在博物館裏看得見，我們還每天用著。要是壞了，也沒有零件，我們得自己想辦法。古巴人每天都在「想辦法」。你看我們的「瓜瓜」公車，車頭是卡車，車身是巴士。那是因爲，卡車的車身壞了，不能修；巴士的引擎壞了，也不能修。那怎麼辦？把卡車頭加上巴士身，就變成新的公車了。也不是不行。

我的工資每個月兩百六十九披索。一件短褲要二十五披索。我週末去看看女兒，總想給她帶瓶牛奶去，一瓶就要二十五披索。你說夠不夠呢？

我每天空著肚子去上班，因爲沒有早餐可吃。沒有牛奶，麵包一天只有一個。現在糧食的減少已經嚴重地影響到家庭關係。有些人下了工回家——做工的人很消耗的，回家發現他的一塊麵包已經給別人吃了，或者是兄弟或者子女，他就很生氣，因爲他很餓。人快要爲爭食物而打架了。

我跟我媽和妹妹還有妹妹的女兒住一起。我媽每天從早到晚就管一件事：怎麼樣找到吃的東西來餵飽我們。

下了班以後？以前，我都和朋友去小酒館喝杯酒啊，到露天的舞場聽音樂、跳跳舞。每個月也一定會省下一筆錢，和朋友到小夜總會去看表演。古巴人很重視夜生活的。

「非常時期」開始以後，這些地方全都不能去了，因爲他們只收美金，只對觀光客開放。我們這些規規矩矩賺工資的人，一個月的工資等於十三塊美金，你想我們去得起嗎？

所以現在唯一能做的，就是和朋友逛大街或者逛海濱。你沒發現街上遊蕩的人很多？一是因爲政府要節約能源，每天停電，停電只好到外頭去。二是因爲我們的披索使我們無處可去。

解放前說是貧富不均有兩個階層。現在啊，簡直就是南非的種族隔離。你住的觀光旅館，我們古巴人是不准入內的。我覺得活得很沒有尊嚴。

卡斯楚說，全是美國人害的。現在沒人相信了。有能力走的人都走了。九四年，多少人淹死在海裏，爲的去美國？我要能走我也走。

現在有一個女朋友，可是不能結婚。因爲我沒房子，她也沒有。結了婚也不知道要住哪裏。我們很多朋友都離開了他們的工作單位，自謀生路去了。你看前面那個警察攔了一個人在查他證件。警察的權力在這裏還是很大的。他如果抓到你離開了工作單位，可以送你去坐牢。

不過現在人們也管不了那麼多了。工資養不活人，只好走。去給觀光客踩三輪車所賺的小費也比我的工資多，怪得了誰？

你看我姪女的牙齒都爛了，她今年十三歲。七歲以上的小孩就喝不到牛奶，牙都爛光了。我們什麼維生素都沒有。你說你看到一個快餓死的人，告訴你，再這樣下去，要餓死的人會越來越多。

古巴「可以說不」到何時？

九〇年東歐共黨國家一個接一個解體之後，遠在南方的古巴突然多了一倍的觀光客。觀光客湧進古巴，不只因爲這個熱帶島嶼有美麗的椰樹海灘，更因爲古巴已是西方世界最後一個共黨國家，是個活的冷戰博物館，也因爲古巴經濟長期停滯，是個活的物質文明博物館；街上跑的、家裏用的、田裏耕的、廠裏動的種種工具器物，在歐洲只有古董博物館中當靜物陳列，在古巴卻是日常用品。

農人推著老黃牛在酷日下犁田。婦人拿著五十年前的熨斗燙衣服。男人開著一九五一年的龐大福特汽車。印刷廠的印模是一九〇〇年的機器。所有的器具當然都已經過千修百補。九一年之後，解體後的蘇聯終止了古巴最仰賴的經貿關係，古巴進入「非常時期」，物資全面凍結。

耕耘機壞的，沒有零件可修理；好的，沒有汽油可發動，所以黃牛開始耕田。卡車，不是壞了就是用不起汽油，無法運貨。於是黃牛種出的豆子和青菜亦無法運到城市出。古巴賴以維生的蔗田、菸草、鎳礦，產量減少了一半以上。

糧食也限量配給。每人每月三公斤白米，一天一個比孩子拳頭還小的麵包。飢餓，使得成千上萬的人在九四年的夏天投向大海，帶著自製的木盤木盆，想橫渡佛羅里達海峽奔向美國；不計其數的人死於海葬。

飢餓之外，人民還有政治的恐懼。有名氣的異議分子被流放國外，沒名氣的異議分子就離奇失蹤。不論是真是假，古巴人相信「每五個古巴人中就有一個祕密警察」。

但是，爲什麼卡斯楚不垮台？從九〇年起，所有的旁觀者都在問這個問題。波蘭、匈牙利、捷克，甚至最落後的羅馬尼亞，都因爲經濟破產和政治壓迫而遭到人民的反抗。古巴人有長期的反抗歷史——反抗西班牙、反抗英國、反抗美國的各時期的殖民者，爲什麼沒有十萬古巴人走上街頭向卡斯楚伸出呼喊的拳頭？牆壁上寫了三十八年的口號「不選擇社會主義就是選擇滅亡」被人塗掉了啟首的「不」字：「選擇社會主義就是選擇滅亡」。但是爲什麼卡斯楚仍舊能安然地在今年一月一日慶祝他「三十八年革命勝利」？

歷史可能是一個最重要的因素。東歐的共產黨是蘇聯帝國強加於各國的具有傀儡性質的政權，代表蘇聯的殖民勢力。而古巴的共產黨卻是發自社會內部的真正革命政黨，它驅逐了美利堅帝國，代表的是一種反抗殖民的草根力量，有真正的羣眾基礎。

台灣人可以容易地了解古巴歷史，因爲古巴也是一個四百多年來不斷由異族統治的島嶼。在當年台灣漢人逐步將原住民驅入山區使之成爲山地人之前，西班牙人已經來到古巴屠殺了原住古巴的印第安人使之滅種。這些西班牙人的後裔變成了古巴人，開始在島上種植甘蔗、菸葉、咖啡，以古巴爲家。以台灣爲家的漢人受過葡萄牙人、明鄭、清朝的統治，其中三年一大反，五年一小反，鎮壓不斷。古巴人則不斷地抵禦西班牙的控制。英國人也來占領過一年。一八六八年爆發了古巴第一次獨立戰爭，與母國西班牙打了十年的仗，沒什麼結果。獨立領袖流亡海外，到一八九五年掀起第二次獨立戰爭。

在慘烈的激戰中，死傷無數，最後贏得戰爭的，不是西班牙也不是古巴，竟是漁翁美國。一八九八年之後，美國勢力籠罩古巴達六十年。台灣人和清朝統治抗爭不斷，在一八九五年落入日本的手中。馬關條約的簽定沒有台灣人在場，一八九六年將古巴讓給

美國的巴黎條約的簽定中，當然也沒有古巴人在場。

爲了爭取獨立而打了幾十年仗的古巴人，連抗議的聲音都來不及發出就變成了美國的殖民地。西班牙人走了，美國人來了，帶來了一部古巴憲法，完全和美國的一樣，但是多了條但書：當美國認爲需要的時候，它有權力武力干涉。而在美國人眼中，這「需要」的時候相當多。在一九三三年，百分之四十的糖業，百分之九十的鎳礦，全在美國商人手中。令人想起日本株式會社在同時期如何壟斷台灣的糖業，正是楊逵的「送報伕」時代。

美國在古巴設立了傀儡政府，典型的拉美模式。上台的總統只要聽話，如何貪污腐敗，如何血腥獨裁，都可以接受。總統一個接一個地換，一個比一個腐敗。一九五二年，當二十六歲的卡斯楚揭竿起義時，他有太深太多的民怨做他的政治資本：他既反獨裁反貪瀆反無能，又反殖民反帝國反壓迫。他不僅是正義和真理的化身，更代表了古巴的民族尊嚴。

這種歷史背景，竟然又與中國共產黨相似了。哈瓦那作協副主席艾拉斯是個受青年作家尊重的開明分子，他略帶感傷地說，「我和卡斯楚在五九年併肩打過仗。他的理想和奮鬥曾經是我們一整代人的理想和奮鬥。我們對他是深有感情的，他代表著我們所曾經獻身投入的一切。」

卡斯楚的共產主義和民族主義又有聰明的揉合。在歷經四百多年的殖民和半殖民統治之後（我們卻不該忘了：古巴白人自己又是古巴黑人和華人的殖民者），古巴人有了一個自己的總統，他能對蘇聯說不，更能對美國說不。從中國經驗我們也知道：一個獨裁政權若讓人民相信它同時是民族主義者時，政權就容鞏固。

卡斯楚不愚笨。在九七年的哈瓦那，房屋殘破不堪，馬路坑坑洞洞；人們花五六個小時等候公車上下班；垃圾四曝發出惡臭，垃圾車沒有汽油，不能來按時清理；教授每月工資只能買十六瓶牛奶。在這樣困窘無望的時候，大街小巷看不見雞蛋青菜，只看見無數個革命博物館，無數個革命先烈的石膏像，無數本革命書籍、革命像與畫册、革命紀念章、紀念碑、紀念公園、紀念建築、紀念標語海報……

觀光客來到哈瓦那，發覺這個城市什麼都沒有，除了革命。但是革命能吃嗎？卡斯楚當然知道革命不能吃，但是爲了不讓餓肚子的人上街鬧事，他必須隨時隨地提醒古巴人欠著他的革命債。

古巴不同於東歐，還有一個原因：東歐有西歐的榜樣，而古巴只有拉丁美洲。西歐的民主和富庶一直是東歐現實的「另一個可能」（alternative）。古巴的「另一個可能」卻是拉丁美洲幾十個貧富嚴重不均，政治鬥爭血腥的所謂「民主」。智利可以做樣版嗎？那兒每年有成千上萬的人「失蹤」。薩爾瓦多可以做模範嗎？那兒每年有成千上萬的人被謀害。拉美甚至還沒有任何一個國家可以像古巴一樣提供全民健保。在共產黨的領導下，古巴的嬰兒死亡率降到百分之一．五，可以與先進國家相比。拉美的「民主」對古巴人所呈現的是一個比古巴更糟的可能。一九五二年出生的古巴小說家 Pené Vázaquez Diaz 說：

「我們想效法的是西班牙式的民主演變：照顧社會的市場經濟、多黨政治、充分人權。但是啊，西班牙模式成功因爲那是西班牙，不是瓜地馬拉、尼加拉瓜、智利、巴拿馬或是古巴。如果西班牙的龔查拉斯是在薩爾瓦多搞運動的話，他的下場一定是在萬人墳裏一槍斃命；死在他身邊肯定是他的同志，生殖器被切下來塞進嘴裏！波蘭的華勒沙到了瓜地馬拉會怎麼樣？工會主席嗎？不，禿鷲的肉糧！」

恐懼拉丁美洲的「民主」夢魘，恐懼流亡海外古巴法西斯派的反攻復辟，恐懼超強

美國的殖民勢力，使得古巴的反對者走趨不前；他們知道卡斯楚的政權毫無希望，但是卡斯楚之外的選擇，只可能更壞，更慘。

卡斯楚也不斷地告訴人民古巴小島外到處都是敵人：拉美的血腥獨裁、流亡的法西斯、隨時要吞噬古巴的美國。美國在九六年加倍嚴酷的禁運更強化了卡斯楚的修辭。於是，古巴人就生活在雙重恐嚇中：

美國人說，如果不除去卡斯楚，古巴人的生活將更困難。卡斯楚說，如果不與我合作，美國人馬上要來奴隸你。

最糟的是，兩個恐嚇都是真的，兩個後果都是可怕的。

強人政權，他只要能成功地讓人民相信海峽對岸的大國比他自己更可怕，就可以安穩地掌權，一切人民的權利都可以因爲那個敵人而合理地壓縮。這是典型的以恐嚇要脅治國。但是當古巴人真正有一天連一天一塊麵包都沒有的時候，恐嚇要脅大概也沒用了吧?!

黃昏唐人街

如果不是活不下去了

如果不是活不下去了，中國農民不會離鄉背井、蹈入煙海吧？一八四〇年，林則徐在廣東的海灘上焚燒鴉片；六十個官員指揮著五百個苦力，燒了二十三天才燒完。

當白煙滾滾遮了天空時，中國的官員還不知道中國已經進入劇變的時代，鄉下不識字的農民卻在以身家性命做最後的賭注：他們早已在劇變中。農村經濟的破產迫使成千上萬的農民往外逃生，開啟了半個世紀的「契約華工」流亡史。

正是歐洲帝國殖民主義全盛的時候。白人在強取豪奪而來的土地上深耕密植，需要大量的苦力，四處招買。活不下去了的中國農民或者自願或者被擄被迫，與「蛇頭」簽定了賣身契約。人，像豬一樣地買來賣去，於是稱爲「豬仔」。一八五五年，澳門有五家「豬仔館」，專門販賣人口；二十年後，增加到三百多家。新加坡的「豬仔館」甚至是政府批准的。一有需要「豬仔」的消息傳來，人口販子立即進入大陸農村或買或騙或綁架，最後塞上輪船，駛進大海，十九世紀中到二十世紀初半個世紀中，有七百多萬中國人被賣到海外。

即使是在帝國主義橫行的十九世紀中葉，這也不是件理所當然的事。英國已經在一八〇八年立法禁止人口販賣；英國船艦在加勒比海上巡邏，抓到人口販子時，馬上予以絞刑。西班牙於一八一七年，美國在一八六五年南北戰爭後，都廢除了人口的買賣。也就是說，那成千上萬在澳門、香港、廣州、汕頭被賣出的中國農民登上的都是走私船。

人，被鎖在艙底。在大海的顛簸中，像豬一樣擠塞到最密的程度，不能動彈。擋得住飢渴的人也擋不住疾病，病死的人就被抽出，拋向大海。在一八五〇到五六的短短幾年裏，共有十二艘船駛往拉丁美洲，共載了三千九百三十一人。中途被打死、病死的，將近一千人。

一八四七年七月二十九日，第一艘這樣的「豬仔船」在哈瓦那靠了岸。是條小船，上來了二〇六人；當然，在航行的海上煉獄中已經死了一百個人。這兩百多個中國苦力上身赤裸，背上全印著一個「C」字，代表「古巴」。他們一上船就被打上記號，像豬牛被烙印一樣。

岸上，白人買主焦急地等著。這個時候，古巴是全世界最富的殖民地，糖業鼎盛。綿延至天際的甘蔗田等著苦力的工作。華人被剝光了衣服，檢查身體。身體健康的，一個人頭賣十塊披索，由買主領走。

逐漸地，這些出生在廣東鄉下的農民了解了他面臨的未來。從十二月到五月間，他必須一星期七天、一天十三、四個小時地在甘蔗田裏做苦工。每月工資四個披索——但他得先償還龐大的路費。頭兩年，他因此沒有工資。他的賣身契是十四年。如果試圖逃走，他可以被吊死。

「豬仔船」一艘一艘駛進哈瓦那的港口。一八六一年，哈瓦那有三十五萬華人。在三十五萬華人中，只有五十七個女性。十四年前第一批入港的華工在這一年解除了契約，得到了自由。他們便像全世界各地流散的華人一樣，開始經營小生意：餐館、洗衣

店、雜貨買賣。當生活有了一點點著落，就寫信回家，把留在家鄉的兒子或兄弟姪兒招來幫忙。

在一八六八至七八年的古巴獨立戰爭中，許多自由華人加入了「古獨派」的軍隊，和西班牙殖民政府作戰。最有名的是 Teniente Tankredo（華文名字已不可考）。他受重傷，被西班牙政府軍逮捕。西班牙軍人稱他爲「苦力」要放走他時，他從軍裝口袋中取出文件，證明自己是「古巴解放軍」的高級軍官，不是一個無名的中國苦力，「射吧！」他說。

一百年後，在卡斯楚所豎起的革命紀念碑上還有兩行小字：「**在華裔古巴人中，沒有一個革命的叛徒，沒有一個革命的逃兵。**」

一萬個華人在哪？

一九九七年，距離第一艘「豬仔船」上岸正好一百五十年。古巴的人口統計說華裔佔總人口百分之〇．五，也就是五萬人。如果百分之二十的人口住在哈瓦那，那麼哈瓦

那就應該有一萬個華人，可以是一個小有規模的唐人街了。

有這麼多華人的城市，爲什麼我這麼引人注目？正在上課的學童轉過臉來大叫：「中國人！中國人！」路上的女人睜大了眼睛注視我，目不轉睛。男人緊跟上來，「中國人嗎？你是中國人嗎？」

奇怪，哈瓦那有自己的華人，卻是一副沒見過華人的樣子。在街上晃了好幾個小時，也確定沒見到一個亞洲人，連成羣結隊的觀光客中都看不到東方的臉孔。怎麼回事？那一萬個古巴華人在哪？

在唐人街吧？！唐人街，卻只是兩條交叉的路，總共不到兩百公尺。街心上空架著裝飾性的紅色木條，點出拱門的意思。三五家飯館，沒什麼客人，倒是街上的攤販，有一點點生意。攤子上寫著笨拙的中國字：「味香色美，中國風味」、「陳記」、「雜碎」、「炒飯」。攤子上賣的東西，卻是我這個華人認不出的東西。幾段油亮的肥腸，幾個麵粉裹炸沾滿蒼蠅的甜食。認得出的是飯盒，粗紙糊成的盒子，裏頭盛滿了醬色的飯，飯上蓋著一片薄薄的煎豬肉，一小撮包心菜。冷的，一盒十五披索。

轉角處有一個蔬菜市場，菜色也數得出來：番茄、包心菜、蔥、馬鈴薯、大豆，沒有了。水果只有一種：橘子。這是唐人街的市場，已經是最豐富的了。外邊一般的市場，連番茄都只有爛的，給人的印象是，除了一把一把的蔥之外，沒有吃的。

來來去去走幾趟，就在唐人街，發現自己竟然仍是人們注視的目標。這個唐人街，竟是一個看不見唐人的唐人街！街上穿梭來去的，或白或黑或混血，都是一般古巴人。連那食客和站在攤子後頭賣「雜碎」的人，都難得看出華人的臉孔。那賣飯盒的年輕女人長得豐滿肥腴，完全一副熱帶南美女郎的長相，她對我露齒一笑。站在「味香色美」、「陳記」後頭那個是個黑人和他黑白混血的老婆。

好不容易看到一個華人老太太，坐在餐廳裏剝豆子，已經注視我很久，正等著我發現她。湊近一問，她講廣東話，無法溝通。她有點失望地叫來了兒子，兒子也不說北京話，卻拾起一枝筆，寫了三個字：「廣東話」。

「訐」，他只記得半邊。

在街邊的石階坐下，看流動的人來人往，都是古巴人；女人穿著緊身的韻律服，展露多肉的軀體，男人卻乾乾瘦瘦。偶爾走過一兩個華人，都是年老的男人，步履蹣跚地走過。除了餐館裏那一個老太太母子，我沒見到一個中國女人，沒見到一個中國孩子，

沒見到一個年輕華人。難怪，古巴的孩子們追著我叫「中國人！」

但是，那一萬個華人到哪兒去了？

落葉只是飄零

中華總會的主席周一飛先生讓我看他們最新的統計。在哈瓦那，五〇年代末來到古巴仍保留中國籍的有一百零三人，加入了古巴籍的有一百三十三人。華裔，也就是父母雙方或者一方是華人的，總共約有兩千人。這兩千人中，大概只有二十個還會說廣東話。古巴全國大概有三千兩百多個華人。

「三千兩百？」我大吃一驚，「不是說有五萬華人嗎？」

周先生笑了，「那是指血統，五萬古巴人有中國血統。」

三個晚上之後，我和四位古巴作家見面。作協副主席艾瑞斯先生有著典型的西班牙名字，卻對我鄭重宣佈：他的爺爺是中國人，在中國出生，十二歲被帶來古巴。他正想透過中國使館幫助他尋根，徹底找出爺爺的原鄉和身世。另外三位，每一位都有一個先輩是華人，不知是哪一輩，不知名不知姓不知來處，但是有一個華人先輩。與我的翻譯第一次見面。她摘下墨鏡，用手指拉長了自己眼角，說：「我的曾祖母是中國人。」

原來五萬所謂華人，只有三千人看起來還像華人，真正還能說中國話的不到五百個人。而這四百多「真正」華人的平均年齡是七十九歲。

這些數據對我解釋了爲什麼哈瓦那的唐人街上看不見幾個唐人。長期地缺華人婦女，華工遂大量與本土人結合。五〇年代來了最後一批華人，多半因爲已在古巴的父執親友的召喚而來。這一輩人也已逐漸凋零。他們的下一代，多半已與中國語言和文化完全脫節，納入古巴的大混血。再過幾個春秋，平均年齡七十九歲的一代人逝去，哈瓦那的唐人街上將看不到一張華人臉孔、聽不見一句華語；只留下一些不典型的春捲、飯盒。走在街上的人們依稀記得自己曾有過來自東方的前輩。

我不能不想起在中國發現的猶太人後裔。已經完全被中國人同化，但是不吃豬肉。至於爲什麼不吃豬肉，不再有人記得；那只是祖上傳下來的習俗，依樣畫葫蘆吧！

對於這樣一個前景，老一代的古巴華人是不情願而感傷的。中華總會有一個小小的

中文圖書館，也開班教漢語，雖然學生只有二十來個，過農曆年和十・一國慶還舉辦一點聯誼活動。最令人驚異的是《光華報》的存在，一個發行五百多份的中文周報。十二月分最末一期的刊頭語這樣開始：

「臘鼓頻催，新年的步伐已踏進門檻，這雖然只是時間的更換，但我們作爲炎黃子孫卻特別感到欣喜的，過去一年，祖國的成就是百尺竿頭，更進一步……，今天，中國已經從一向屈辱於世界列強之前、任人宰割的國家，一變而成爲世界強國之一，在國際發揮重要作用，變成舉足輕重的東方民族了。」

作者是《光華報》的總編輯馮嘯天，五〇年代初受叔父之邀來到古巴。「來的時候，身上只有兩塊美金，十年之後我有了四個工廠。」聽到這，像是典型的華僑發跡故事。不，這是卡斯楚的古巴。一九六八年，所有私營企業收歸國有，馮嘯天失去了一切。

在陳舊而暗淡的印刷廠，馮嘯天靜靜地說：「我的生命只有兩個字可以形容，就是失敗、失敗、失敗。我要回去，回中國去。」

望著他花白的鬍髭，我說不出心想著的話：在中國，你又活得過一九六八年嗎？

周一飛兄弟來古巴時只有十二、三歲，說廣東話。成長之後，在極其困難的環境中

自修學習說國語，中華總會的書記張自佳來自廣東恩平。四九年到古巴時只有十九歲，

現在兒子已經十九歲了，「妻子是古巴人嗎？」我問。

「是古巴人，但不是妻子，沒結婚。」

「同居二十年，爲什麼不結婚？」

「古巴女人嘛！」他笑笑。

因爲是古巴女人，所以不和她結婚？果然如此，在和古巴女人同居了十幾年，生了兩個孩子之後，張自佳在八九年回到廣東家鄉，和一個中國女人正式結了婚，生了孩子，又隻身回到古巴，回到古巴女人身邊。

「我沒有騙古巴女人，她也知道的。中國人嘛，總要落葉歸根的。」

我大概是以目瞪口呆的表情看著他，使他有點靦腆地看向門外，這落葉歸根有什麼樣的魔力呀，讓一個人在異地活了五十年，和一個女人同床共枕落二十年，爲人夫爲人父之後，仍舊要抛開一切回到他出發的起點？他究竟是無情還是多情呢？

但是張自佳一時是回不了家的。一張最便宜的機票要近兩千美金，也就是四萬披索。一個哈瓦那大學教授的月薪是四百披索。如果中華總會書記的月薪也有那麼多，而

且能夠不吃不喝不用，他也得積蓄八年才能買一張機票。實際上，恐怕二十年也不夠。

九一年，不再是共黨國家的東歐與俄羅斯中斷了所有和古巴的物資交流，使古巴突然陷入斷炊絕境。卡斯楚政府宣布全國進入「非常時期」，開始糧食限量配給。在別的移民國家，華人通常是最富有的少數民族，但是古巴是個共產國家，華人和別人一樣的一無所有。個人糧食簿上的每月供給少得令人心酸：

白米　三公斤

糖　三公斤

食油　兩百五十公克（已經半年未發）

布料　無貨

麵包　一天一小塊（比小孩拳頭小）

雞蛋　一星期三個（很久、很久沒見了）

咖啡粉　四百公克

只有病人和七歲以下的兒童可以分到牛奶。魚肉久已不見。政府有肉供應時，一個人可以分到四分之一公斤，去晚了也就沒有，得再等個半年十個月。

「我以前還可以寄點錢回廣東，一年可寄兩百七十披索（十四美元）。現在不准了。」

「你對卡斯楚看法怎麼樣？」

「最好是走向民主啦，像智利、宏都拉斯。不過我們是外國人，跟政治沒關係。」

張自佳抽了口菸，想想，又說：「現在中國富了，沒有人來這了。我很懷念中國。」

街上隱約傳來樂聲。這是倫巴、曼波、恰恰恰的國度，我卻依稀聽見嗩吶高昂的音樂。真是嗩吶嗎？很可能是的。幾十萬身上烙了印記的華工中，有人曾帶了支嗩吶來，現在成了古巴嘉年華會中不可或缺的樂器。只是在黃昏的唐人街，那若斷若續的嗩吶聲令人想起遙遠的黃土高原；燈一亮，突然恍惚不記得身在何處。

再也不打開的抽屜

華人死後也不和古巴人共葬一處。「中華總義山」在哈瓦那西南角。不遠的古巴人

公墓修整得整齊乾淨，有八十萬個墳，全在一處，是拉丁美洲最大的墳場。古巴的歷代革命先烈都葬在裏頭，進去得付一塊美金門票，儼然是博物館。

華人公墓在一個安靜的角落，像一個落寞的莊園，由幾個白髮老頭守著。從邊緣荒煙蔓草中的墳墓看起。石碑已被時光磨，看不出字跡來。只有一座，模糊刻著「歿於同治元年……」同治元年，那不是一八六一年嗎？

一八六一年，正是第一艘船上的華工在賣身十四年之後重獲自由的一年。這個人，姓誰名誰來自廣東哪個村子，難道在十四年的苦工之後來不及享受自由就倒了下來？他的親人可知道他最後的下落？有誰又知道他最後的願望？他受盡苦難的臉朝向哪個方向？

處於中心的是幾座公墳。左手是「國民黨員公墳」，立於「中華民國四十一年」。右手是「中華社會黨員公墳」；兩座墳平靜地面對，共有一條長著青草的小徑。

「陳穎川堂公立墳場」立於民國十九年：

「穎滸設新塋　牲醴潔陳慈善會

川流歸故國　鵑聲啼罷短長亭」

「江夏堂先友墳場」上還留著一枝塑膠花，掉在石板上：

「江岸送歸魂　白衣萬人綠波千頃
夏祠供祭禮　青芻一束　玄酒三杯」

什麼人來這裏親手埋葬了他的兄弟

「南遷亡兄　壯志未酬　遽爾先歸地府
陽居昆仲　致誠奉祀望汝早登天堂」

這些早期死亡的人，顯然都還埋進了土裏。立了石碑、刻了輓聯，哀切優美的文字像一隻溫暖的母親的手。這二、三十年過世的人就已不再入土，而用了西班牙—古巴式的葬法。一整面牆，大約三公尺高。牆裏是一格一格的「抽屜」，人躺在「抽屜」裏。橫的縱的，一面牆可以裝下五六十個棺材「抽屜」，一個疊一個，前面用水泥封上。

在八十公分長、八十公分寬的白粉標了號碼的「抽屜」面上，有人用手塗上黑字：

「蔣緒纏　廣東新會梅閣連安村人
楊惠明　廣東開平塘口胜平市人
李國偉　廣東高要宗隆鄉二冷水村人……」

沒有一個讓人得到一點安慰的字眼。在他們的家鄉裏，他們的墓碑上少不了「顯考」、「慟於」、「不孝子」、「在天之靈」等等文明世界用來彼此撫慰的文字。這些在異國的天空下躺進「抽屜」裏的人們只有一個號碼。

或許，寫下原鄉村里的地名對他們而言已經是最大的安慰。不能「生於斯、死於斯、歌哭於斯」，地名至少表達了一個綿長未了的心意。

人在生時將鑰匙、照片、針線、眼鏡和信件，所有生命的蛛絲馬跡都放進抽屜；在這裏，人最後將自己的軀體也放進一個抽屜。再也不打開的抽屜。

一枝白玫瑰

1

在我攤開地圖的時候，他們說：「你找什麼？我們可以幫忙嗎？」

哈瓦那最寬敞美麗的大街，陽光照亮了他們咖啡豆色的裸露的皮膚。金童玉女似的，男孩子摟著女孩子的細腰，對我露出細白的牙齒。

我其實不找什麼特定的地方，而是在找我自己！確定了自己的位置，也就認得了一座城市吧。但是你們可以告訴我哪兒是古巴人愛去的酒館，讓我避開觀光客的人潮。

我們離開大街，折向巷道，氣味和色彩陡變。在觀光飯店背面的陰影裏，漆白牆上

剝落，木板因陳舊而斷裂，鐵欄杆佈滿鏽色；光著胳臂的男人從三樓垂下一只空桶，讓滿頭髮卷的女人拿去水車要水。垃圾暴置街頭，惹來的蒼蠅停在沒有肉的肉鋪砧板上。不知哪裏流出來的髒水橫流過街，行人踮起腳尖。一隻老鼠沿著牆角歪歪斜斜地摸索前進。

她，哈瓦那大學，教育系。男孩子用英語單字解釋。我，哲學系，一年級。她，沒有父母，祖母養大。跟祖母住。

天色黑得突然，整個哈瓦那黑影幢幢。又是一個停電的晚上，人們從悶熱的房間走出，在石階上坐下；一條街的人，都在獨自發著幽光的天空下。談話的聲音此起彼落、遠遠近近，像海浪的推湧。

父母怎麼了？我看著女孩清澈的大眼；她正喝著啤酒。

死了，生病，她小時候。所以很窮，要做工，讀書，男孩子叫了一杯口樂。我們要讀完大學、結婚、到美國去。

要付賬的時候，女孩子起身，說「等一下」。在櫃台拿了兩包香煙回來，放在我面前。「買這給我吧？」她說。

男孩子抬起一隻腳讓我看他脫了底的球鞋。給我一點美金吧，他說，我快不能走路了。

連續幾天，我都看見金童玉女在大街上，等著什麼。

2

廣場上有點兒假日的氣氛。露天的咖啡座上一片花花綠綠的遮陽傘，傘下坐著來自歐美的觀光客，穿著涼鞋、戴著墨鏡、展露著海灘上努力曬出來的紅皮膚。小書攤一落一落的，排滿了廣場。一九九七年啊，誰喝得起咖啡、誰買得起書？這假日氣氛全是觀光的佈景道具。

書攤遠看形形色色，近看卻只有一種書：古巴革命，古巴歷代革命。只有英雄傳記；反西班牙殖民英雄、反法西斯獨裁英雄、反美帝英雄……。卡斯楚和契格瓦拉的照片是書的封面封底、是旗幟、是海報、是襯衫、是鈕扣、是帽徽、是手帕、是圍巾、是杯盤碗匙、是銀幣鎳幣金幣銅幣……。

革命和英雄，和那花花綠綠的陽傘一樣，都是觀光業的道具。異園情調裏摻進了壯烈的想像，對西方小資產階級調配出多麼不可抗拒的魅力。留著小鬍子的書攤老闆捧著一盤胸針，用拉美男人挑逗的語氣擠眉弄眼地說：

「可愛的小姐，你要卡斯楚還要契？」

我搖搖頭，不，對這些死掉的和快死掉的男人我沒興趣。我想知道的是你們除了革命之外還有什麼別的可賣？（一次又一次的革命豈不意味著一次又一次的幻滅？你們是賣革命還是賣革命的幻滅？）

小鬍子假作生氣狀，拍自己的腦袋：「可愛的小姐，你太麻煩了，人家美國人來古巴就找這個。」

然後就和所有的觀光客一樣，蹚進了革命博物館，古巴的歷史展現在牆上，圖片和文字告訴你，這是一個屠殺史、殖民史、抗暴史、革命史。歷史和照片一樣：黑白分明。白人殘殺土著，地主壓迫農民，殖民者剝削被殖民者，面歷史的前進就由一次又一次的揭竿起義推動。灑了熱血、拋了頭顱的英雄照片被放大到頂天立地，自牆頭俯瞰人羣。

我退到房間一隅，自窗口望向藍色的加勒比海，深藍，在陽光下跳躍著萬片碎光，切割著我悲哀的情緒。悲哀，因爲一點兒也沒被牆上的屠殺史抗暴史所感動。

陪伴著契格瓦拉在窮山惡水裏打游擊的那隻驢子就站在對面，不是照片，是栩栩如生的被填塞了的標本。載著卡斯楚在翻天大浪裏搶上灘頭的快艇「老奶奶號」就在右側，由衛兵守著，像守護一座神殿。

如果沒有這窗外的古巴，如果我只認得這座革命抗暴博物館，我想我會感動涕零，爲那些被欺凌被暴虐的凡人，爲那些正義勇敢而純潔的英雄。可是我知道這博物館外面的世界。在外面那世界裏，曾經正義勇敢而純潔的人在很短的時間內變成欺凌暴虐的主使。

連最純潔的革命理想都可能只是一種篡寫歷史的道具。

3

哈瓦那作協副主席埃拉斯 Eduardo Heras Leon 說，他找了三位當代古巴最優秀的

年輕作家和我見面。晚上七點，在我飯店大廳等候。

七點整，向我迎面走來一個男人，長髮披肩，穿黑色襯衫、黑色緊身牛仔褲，褲腳塞進黑色長統高跟皮靴，皮靴上的金屬配件在燈光下閃閃發亮。他的兩隻手腕各套著一只鑲了金屬的黑皮鐲。這樣一個人，看起來不是重金屬樂隊裏，歇斯底里的瘋狂歌手，就是嗑藥縱慾致力於自我毀滅的叛逆小子，總而言之，是那種如果在暗巷相遇會讓我回頭就跑的危險少年。（與我同行的攝影記者事後說：我遠遠看見那麼個人向你走近，大吃一驚，心想是否該和你出去保護你，後來看到另外還有兩個人，才放心走了。）

這個人虎虎生風走到我面前，一開口，就讓人發覺他是隻披了狼皮的綿羊：「你是應台嗎？我是約斯，Yoss！」

聲音很輕，眼睛很稚氣，有點兒不知所措地站在那裏。

米謝 Michel 較高，明顯地有印第安人血統，膚色像烤得恰好的麵包，眼睛美麗柔和。一束黑髮紮在後頭。

安格 Angel 似乎較老氣，塊頭也大些，不怎麼說話。

去海明威的老酒店嗎？我問。

三個人都搖頭，由會講英語的約斯回答：那兒太貴，太貴了。

最後到了一個他們認爲貴得可以忍受的地方坐下。是一間速食店，除了啤酒就只有玻璃箱裏旋轉著的一熱再熱皮都乾掉了的炸雞和漢堡。安格已用過晚餐，米謝叫了半個炸雞。約斯開始大吃；原來的羞赧被克服了，他笑著說：「好久沒吃肉了。」

他吃了一份又一份。只有他真能說英語，於是一面吃，一面抹嘴，一面說。

我提了幾個流亡西方的古巴作家名字，三個人意見相當一致：「這些流亡作家也許在西方有名，但他們不見得是好作家。西方寵愛他們是由於他們的政治立場，不是由於他們的文學成就。我們並不特別尊敬這些人。

政治，是我們現實生活的一部分，但絕對不是全部。西方似乎有一種簡化的想像：既然是共產國家，就一定得有異議作家，而且只有異議作家，才值得他們注意。

我們三個對於文學表現本身的興趣要遠遠超過對於政治的興趣。在一個高度控制的社會裏——在古巴，人們說，每五個人中就有一個人在爲秘密警察工作——在一個高度控制的社會裏，政治以外仍有極端豐富的人生體驗和題材：情慾、貧窮、信仰……

當然我們並不刻意去逃避政治，所以我們三個人都有被查禁或沒人敢發表的作品。

像安格就寫了不少古巴士兵在安哥拉的經驗，寫得很慘痛，完全不能被官方接受的，只能拿到墨西哥去發表。

但我們都覺得只寫政治是太窄化人生了。以異議份子面貌去贏得西方注意，更不屑爲之。

我愛女人。米謝和安格也是。光寫女人就寫不完呢。」

有人捧著滿懷玫瑰花在兜售，我吃一驚：玫瑰花？每個人每天限糧一個小麵包了，還有玫瑰花，這是什麼超現實主義？

米謝把賣花人喚近，抽出一枝含苞待放的白玫瑰，遞給我，說：

「請原諒，只是一枝塑膠玫瑰。」

他看著我將白玫瑰用絲巾細細包紮，靜靜地說：

「我們都很熟悉李白的詩，中國唐詩。我自己特別愛莊子。但是在哈瓦那簡直不可能找到中國文學的書，不管是古典或當代的。你有什麼辦法嗎？」

唉，讓我想想辦法吧。哈瓦那找不到的東西太多了：肥皂、衛生紙、別針、鞋帶……買一條短褲可以花掉半個月的工資。你想找的卻是李白莊子和中國文學，真是徹底的精神貴族啊。

4

我帶著一枝塑膠白玫瑰回到歐洲。小心地將它插在書架與書架之間。

有些東西看起來是真的，其實是假的；有些東西看起來是假的，其實倒是真的。

一九九七年七日十九日凌晨

清清楚楚的個人，在羣眾裏

國際知名的德國漢學家 Wolfgang Bauer 今年去世時，執德國輿論牛耳的《法蘭克福匯報》（*FAZ*）發了一篇文章。作者說：Bauer 的傑出成就在於他能夠將他所研究的中國人看成個人，而不是一個面貌模糊的羣眾集體。

這樣一個在歐洲人眼中理所當然的評語，我讀起來，卻像吃飯時咬到石頭一樣，感覺怪異。

假設北京大學的李教授過世了而中文報紙寫著：李教授是個德國研究專家；他的傑出成就在於他能夠將他所研究的德國人看成個人，而不是一個面貌模糊的羣眾集體。

我相信許多歐洲人要大吃一驚，不以爲然，心裏想著：這怎麼值得一提？我們德國人、英國人、法國人當然都是性格分明的個人，除此之外，還能是什麼？

這種反差充分披露歐洲人的雙重標準。最荒謬的是歐洲人自覺對「個人主義」這個東西有某種專利權，使他們有別於回教民族，有別於中國人，有別於整個非西方社會，好像「個人主義」含有一套固定標準，放諸四海皆準。中國人是個「面貌模糊的羣眾集體」這個印象大概在文革期間更加強了；中國人，不分男女，全穿著一樣的藍布衣，被稱爲「藍螞蟻」，唱著一樣的歌曲，笑著一樣的微笑。歐洲人不會想到，在別人眼中，他們看起來也相當「集體」：德國人都在車窗上擺個毛茸茸的玩具動物，英國女人在某一年冬天全穿上黑色的皮夾克，荷蘭人的廚房裏全掛著白色的半截的蕾絲窗紗。

在我眼中，每一隻「藍螞蟻」可都是性格分明的個人。那個因爲無書可讀而背了整本聖經，邊種田邊背聖經的學生；那個把小提琴藏在地下但每晚取出細心揩拭的音樂家；那個對庸俗品味抗議而自殺的作家；那個被關了十二年，放出之後終生不再開口的軍官——他們都穿著制服似的藍布褲，但是裏在制服裏頭的是人，人在與他的命運掙扎、妥協、反抗。所有屬於「人」的痛苦，我相信，都是獨一無二，都是「個人主義」的。

德國鄰居告訴我，她聽說，共產黨在長征時，荒野地帶死亡的人數遠遠超過有鄉有

鎮的地方，可見得中國人是非常「羣體性」的；沒有羣體他會因寂寞而死亡。我把這個看法轉述給一位大陸學者。學者莞爾一笑，是的，確實在荒山野地人死得多，可是，那是由於糧食不夠。沒有民居就要不到糧食。

「飢荒會死人的，寂寞死不了人，即使是中國人。」他笑著說。

我站在上海最擁擠的路口，四川路和南京路交叉的地方。綠燈一亮，羣眾，不，「人潮」洶湧推動像巨大的海浪。不習慣人潮的我馬上覺得暈眩，有一點要被淹沒的恐懼。但是即使在這個時刻，我不理解什麼叫「面貌模糊的羣眾集體」。在我身邊推來擠去的「羣眾集體」，對不起，各有各清晰異常的面貌，有的疲倦有的無聊，有的愉快有的漠然，有的美麗有的平庸。

許多人匯入街上流動的人潮，其實並不是爲了來求取羣眾的體溫和慰藉，而是爲了來尋找個人的孤獨和自由。單位裏的生活公式如此機械，配給的住房如此狹隘，人與人的關係如此密不通氣，最美好的逃避空間反而是公園裏、大街上、河堤邊，那人來人往的公共空間。羣眾裏的個人互不相識因此互不干擾，提供給人的竟是最自由的內心世界。在人口稠密的中國，看起來代表集體的羣眾其實反而是一種個人主義的表露；沒有一個地方比在羣眾裏頭更孤獨、更寬敞。

我們坐在一個餐館的隔間裏頭，一個軍隊開的餐館。是的，軍隊開的餐館比哪兒都安全些、談話自由些。如果是安全部開的館子當然更安全。我的朋友們針鋒相對起來。W說，他覺得國家很有希望；三月份通過新的法律，允許民間律師開業。

「這有什麼意義你知道嗎？」他略帶興奮地說，「這表示老百姓也可以控告政府不法，律師可以爲他辯護。這是走上法治國家的第一步啊。」

十五歲就是地下黨員的K搖搖滿頭白髮，嘲笑W的天真。有這樣的法律算什麼，他說，全國有哪個律師不知道他絕鬥不過國家？哪個律師不知道誰試了誰倒楣？全是幌子。

K一邊說話，K的太太起身悄悄關上他身後的一扇門。

「你難道沒注意？」K不理會太太無聲的警告，繼續說，「叛亂罪被取消了，可是加上了什麼顛覆罪。請問你，顛覆和叛亂有什麼不同？罪刑輕點嗎？定義清楚點嗎？我們受到的保護多了點嗎？」

W低頭不語。

我們在餐館外的人行道上告別。街上依舊人潮洶湧。在暮色中，朋友們沒入羣眾，不一會兒就辨不清背影了。

唉，但是我清清楚楚地看見他們個人的面貌，清清楚楚，在羣眾裏。

而那根本不是什麼「傑出成就」。唯一的條件是你必須和「非我族類」站立在同一高度的平地上，因爲唯有如此你才可能直視他的眼睛，認識他獨特的個人面貌。Wolfgang Bauer 所爲，不過如此。

後記：對歐洲人的批評，我想，也許用歐洲人看得懂的語言寫，比較有對話的可能。

此文以德文發表在《法蘭克福匯報副刊》（*Frankfurter Allgemeine Zeitung*）

《德國讀者回響》

中國人以為西方就是美國

龍應台對德國人亞洲觀的批評當然有一部份是正確的，但是如果僅只批評德國人就未免片面了。對於異族文化的無知是全世界的普遍現象。我們若知道許多中國人，甚至教育水準高的中國人，怎麼看德國人，準會極不愉快地大吃一驚。

我在台灣讀書和在中華人民共和國旅行時就發現，在中國人的世界觀裏，美國是整個西方世界的經濟和文化中心，是西方思想和價值觀的起源，而所有西方國家都或多或少依附於美國。把整個西方簡化爲美國這個概念在許多中國人心目中根深柢固，使不少來自其他西方國家的學生深感受挫。

這當然也不必苛責。只有在有了實際接觸之後，認識到對方的煩惱和願望、夢想和期盼之後，我們才能看見羣體中的個人。值得注意的是當這種無知和經濟上的優越感結合時可能產生的後果。在「市場全球化」的時代，我們必須尊重文化的平等。

遺憾的是，許多在德國公司裏工作的入了德籍的中國人一方面要承受德國人指摘他

們「忠誠不夠」，一方面要防禦來自中國人的同樣的批評。文化的誤解很難釐清。

赫曼・哈特曼

從上了鎖的窗子，望出

上百萬的香港人在街頭示威，一九八九年。我看著電視驚異不已：什麼時候，這些「商人」變成政治運動者了？而台北的街道卻顯得平靜；對天安門的殺戮，激動的人不算太多。我突然領悟到，是的，一種歷史的消長正在我眼前展開。

解嚴之後，台灣基本上已沒有明顯易見的獨裁或強人需要人們熱血奔騰地去抗拒。台灣人擱下了「武器」，開始追求自我發展。年輕人的所謂典範已經不是我這一代人所景仰的救國救民的大知識份子，而是「經營之神」或「明日之星」。香港人的起點就不一樣；致富不僅是人生手段，也是人生目的。香港人的非政治性似乎是他身份的一個特徵。血腥的天安門事件因此來得像天打雷劈，彷彿一夜之間，香港人醒了過來，已是脫胎換骨的政治人。

幾十年來，台灣人多麼「瞧不起」香港人（香港人當然也瞧不起台灣人）——說香港人只是經濟動物，對文化毫無認識，對國家民族毫無責任感；說他們被帝國主義壓成文化侏儒，因而只能長成經濟巨人。很少人自覺到這種偏見如何離譜。自由經濟絕不會在真空中成長，它存在本身就是一種文化型態和力量，在這個型態和力量裡，言論自由得以發展。多少年來，香港這塊「文化沙漠」不正是大陸與台灣之間唯一的一塊言論「綠洲」？多少年來，我們不是請求每一個出國的人偷渡幾本香港的雜誌回來？多少年來，大陸人和台灣人，被鎖在意識型態鐵絲網的兩邊，耳裡眼裡充斥著謊言，香港不一直是我們唯一的可以望出去的窗子？

對大陸的中國人而言，這扇窗子，在七月的今日，可能已經關掉。

窗子還沒關上時，一把便利鎖已經先安裝上了。基本法的第二十三條要「禁止任何叛國、分裂國家、煽動叛亂、顛覆中央人民政府及竊取國家機密的行爲」。真要執行起來，對台獨或藏獨的辯論已成罪行；所謂「煽動」將令所有的記者和作家人人自危；至於何謂「國家機密」，唉，那是老把戲了。

窗子還沒關上，有趣的是，許多香港人已經趕著從裡面先裝上一道簾子。少數媒體仍舊不改對北京的批評態度，但是他們面臨自我毀滅：害怕被「秋後算帳」的廠商急急撤回廣告，而「不聽話」的記者們已得不到採訪許可。更多的媒體則見風轉舵，或者開始發表取悅北京的言論，或者更徹底地將自己「軟骨化」，變成娛樂消遣媒體，明哲保身。官方正式的言論控制還沒開始呢，民間的自我控制已經把整齊的行列排好，等候檢閱。

掛上一張簾子只不過使人看不見外頭罷了，可是如果說，有人在那簾子上塗上風景雜物，並且要求那屋裡的人相信那塗上去的東西就是窗外真實的世界，那可怎麼辦呢？

香港朋友嗒然無聲，臉色沉重。他寫了那麼多研究香港文化認同和都市文化的書。他剛剛還在說，傲慢的大陸人啊，總說香港人是「帝國主義的走狗」、「殖民者的奴才」，現在炒熱的愛國主義像大水襲來，淹沒了所有不中聽的調子。「他們要來寫我們六百萬人的歷史了」，他的聲音帶點兒徬徨，「而他們寫的歷史會變成最終唯一的歷史，這，就是我們的悲哀。」

等一下，你這故事怎麼我聽來似曾相識？

一九四五年，帝國主義的日本人撤離台灣，六百萬台灣人湧向街頭去歡迎「中國」

那母親的擁抱。母親的擁抱竟比鐵臂還要冰冷。日文禁用，使作家失去語言；排斥方言，使本地人產生自卑。權力集中在大陸人的手中，因爲台灣人長期以來做了「殖民者的奴才」，不可信任。台灣人的歷史老由各種不同的「他們」來寫，或空白或扭曲，至今仍在掙扎，決定不了自己是誰。

在巨大的歷史轉捩點上，香港渲染著喜慶的氣氛。歷史的重疊撲朔迷離，我翻到一個東德作家的回憶錄：

「柏林圍牆建起來沒幾星期，西方媒體已經失去了興趣，而這兒的人已經開始把牆視爲理所當然，開始『正面』去思考它了：有了牆吧，日子安靜點。而且，也甭成天傷腦筋要不要逃走的事了，……本來以爲是暫時的東西，一下子竟成了永久性的東西。既然是永久的吧，那麼人就得繼續過日子，繼續得結婚生子、得努力搞到好的住房、找個周末別墅、得往上爬；最好不和黨作對，免得突出。那意識型態嘛，也不見得就不能接受。反正，永久性的精神分裂會讓人日子過不下去。」

我其實真不知道香港人除了「正面」地往前看去之外，還能怎麼樣？他們若往回看，一長段殖民歷史不過隱藏著另一種「永久性的精神分裂」——身爲一個島上的多數人但無權決定自己的命運。香港的經濟成就並不能一筆抹掉殖民強權所帶來的民族屈辱感。鴉片戰爭以來，帝國主義國家對中國的欺壓凌辱所造成的傷口，在中國民族的集體意識中並沒有完全癒合。現在，權力回到自己「同族」人的手裡，一百五十年弱肉強食的歷史終於在我眼前落幕，哎，身爲中國人我不也該歡欣鼓舞嗎？然而，爲什麼我的心竟如此沉重？

驅之不去的問題是：「同族」究竟保證了什麼？史例不勝枚舉——同族之間的迫害往往還超過異族之間的傾軋。半個世紀由共產黨寫成的中國歷史，又給了我什麼樂觀的理由？

解放軍的帽徽閃亮照人、行陣整齊威嚴，皮靴刷刷作響，把中國人的權力帶進香港。香港人挪動身子，尋找一個最舒服的姿勢和位置；台灣人屏住呼吸，心裡不免暗想：這一幕，究竟是自己歷史的重演還是自己未來的預告？雲，在頭上隨著風向變化形狀，但不管怎麼變，日子總得過，結婚生子、找好住房、往上昇遷……即使窗子「碰」地關上。

本文在《法蘭克福匯報》（*FAZ*）刊出

誰在乎頭髮的顏色

香港回到中國人的手裡，至少中國人應該「普天同慶」吧？長達一百五十年鴉片戰爭的正式結束，長達三百年的帝國主義掠奪史的正式結束，一九九七年七月一日不僅只是中國歷史上新的一日，也是人類歷史上一個重要分水嶺。

可是在密集的鼓樂聲中，在ＢＢＣ和德國之音不斷的電話鈴聲裡，我總覺得什麼地方不對頭，好像要用望遠鏡把一個東西看清楚，可是鏡頭焦距老調不對，使那東西更加模糊不清。

外國記者訪問時，第一個問題一定是：身爲「華人」作家，你怎麼看香港回歸？我感受到一種壓力：身爲「華人」，所以我理所當然對香港應該有一個與我的民族屬性相連的立場。我要反問：爲什麼身爲「華人」，我就應該慶祝香港回歸？讓我打一個極端刺耳而且「不當」的比喻：德軍侵入捷克、佔領波蘭時，你是否因爲身爲「德人」所以歡欣鼓舞？日軍掠奪「滿洲」時，你是否因爲身爲「日人」所以大加慶祝？英國議會決議要對中國發起鴉片戰爭時，你是否因爲身爲「英人」而不加思索、全力支持？

比喻「不當」，因爲香港歸還中國天經地義。是的，但是作爲一個社會的獨立知識分子，他對國家的任何行爲都必須以理性批判爲基礎；當他的民族屬性，或者說，他的民族情感，超越了這個理性批判的基礎時，他也就不再是一個獨立的知識分子。我的「華人」立場豈能超過我做爲一個獨立知識分子的立場？

我反對帝國主義，明白地說，不是因爲統治者的髮膚言語不同於我，而是因爲在殖民的結構裡，統治者無可避免地是壓迫性、掠奪性的。我反對的不是異族不異族，而是他的壓迫和掠奪。香港的統治權易手了，從金髮碧眼的異族手中落到和我一樣黃皮膚黑頭髮的同族手中，你要我因此歡欣鼓舞，我可覺得奇怪極了：誰在乎頭髮的顏色？當新的統治者能用語言保證，而且用行動證明，他不是掠奪性、壓迫性的，那才是我歡欣鼓舞的時候。

我之所以憂心忡忡，是由於歷史的教訓太悲慘了，同族殺伐永遠烈於異族傾軋。鴉

片戰爭加上英法聯軍加上八國聯軍所造成的傷害，可比得上洪楊之亂的哀鴻徧野血流千里？八年中日戰爭的傷亡人數，可超得過國共內戰的互相殲滅和四十年共黨專政的合法大滅絕？同族統治，如果它不能帶來生命和人權的保障，究竟有什麼值得慶祝？

民族情感流在每一個族羣和那族羣中的個人的血液裡，是一種天生自然的感情。當民族「情感」變成民族「主義」，它就從天生自然的感情被組織成爲一種理論、謀略、手段，甚至目的。當一個族羣受到侵略時，民族「主義」就可以用來激起同仇敵愾的勇氣，凝結力量，一致對外。當一個族羣想要對外發動侵略時，民族「主義」也可以用來激起「替天行道」的豪氣，轉侵略爲正當。當一個族羣內部要進行鬥爭時，民族「主義」竟也可以用來製造分化，營造「漢賊不兩立」的政治神話法統。不管怎麼轉化，民族情感一旦成爲「主義」，它就是政治的工具，可載可覆的政治工具，我們，怎能不對之戒慎恐懼？

統治者，利用民族主義來凝聚向心力，鞏固自己政權，很容易可以得逞，因爲天生自然的民族情感和天生自然的愛情一樣，都是人類最純潔最深刻的情感（當愛情也被組織爲愛情至上「主義」而凌駕一切時，那愛情也要被毀了）。而民族主義得逞時，它就輕易地淹沒了其他重要價值。中國第一位駐外公使郭嵩濤在鴉片戰爭前後中國人排外情緒高張時，曾經高喊冷靜。官吏和士紳四處試圖阻止洋人入城，郭氏卻說：「洋人之游歷也有條約，其指名游歷也有照會，一切假朝命行之，而至今相承不悟，是以義憤阻拒洋人，而先以違背詔旨。夫且無以自解，又何辭以解洋人？則亦在官者積慣成習，不明事理之過也。」

在郭嵩濤眼中，守法的價值要超過民族主義的意義。而他在史書上不斷被指爲「賣國」，顯示出民族主義如何有效地掩蓋掉其他價值。

自由和平等，在我心目中，是兩個超越民族主義的價值。所以在痛責帝國主義的同時，我得感謝上海租界的存在，它保護了多少中國的革命志士也爲中國保存了爭取自由的元氣；我可以稱讚日本人在台灣定下的種種現代化基礎，更可以頌揚英國人的統治使香港長年來成爲兩岸之間唯一有思想自由的窗口。

當自由和平等的價值超越民族主義時，對許多事情就往往有不同於大眾多數的立場。譬如說，越來越多的華人知識分子對西藏獨立運動表示同情，我也如此。但是，如果我是一個藏人知識分子，對不起，我可不一定支持藏獨；我要看藏族自己的統治是否

會比漢族的統治帶給我更多的自由和平等。如果喇嘛教治國意味著更強大的思想桎梏，兩惡取其輕，我也許寧可讓異族統治。

身爲台灣人，我反對中國人用民族主義作爲霸權的工具收編台灣——這是顯而易見的，但是我同樣反對台灣人本身用民族主義作爲爭奪政權的手段——這是不那麼明顯的。統派祭「大中國」的民族主義，獨派祭「大台灣」的新民族主義；對於前者，有所謂「漢奸」，對於後者，有所謂「台奸」。當獨派起而攻擊統派的民族主義時，自己用的辭彙竟然也是「你愛不愛台灣」的民族主義圈套，令人愕然。

所以巨無霸的大中國不是唯一玩弄著民族主義的統治者。可能被大中國的民族主義所害的台灣人，自己也玩著民族主義的遊戲；已經被納入中國版圖的香港人更是聞樂起舞，用民族主義的利劍刺向異議者。民主人士已經被比爲吳三桂，「港奸」也誕生了，與漢奸、台奸一起，成爲政治鬥爭的祭品，打著民族主義的幌子。

兩千五百年前，吳王曾經問晏子：「國如何則可處，如何則可去也？」晏子說：「親疏得處其倫，大臣得盡其忠，民無怨治，國無虐刑，則可處矣……親疏不得居其倫，大臣不得盡其忠，民多怨治，國有虐刑，則可去也。是以君子不懷暴君之祿，不處亂國之位。」

「君子」，就是獨立的知識分子吧。他「不懷暴君之祿，不處亂國之治」，但是，難道因爲那「亂國暴君」與自己是同鄉、同學、同黨、同種同族、同髮膚顏色，他就可以改變進退的原則？

民族主義太甜了，甜得讓人忘記去追問它內藏的可疑的成份。

新人間叢書 901

我的不安

作　者—龍應台
主編—鄭麗娥
編輯—黃嬿羽
校對—林慧君、龍應台
董事長
發行人—孫思照
總經理—莫昭平
總編輯—林馨琴
出版者—時報文化出版企業股份有限公司
10803台北市和平西路三段二四〇號三樓
發行專線—（〇二）二三〇六—六八四二
讀者服務專線—〇八〇〇—二三一—七〇五・（〇二）二三〇四—七一〇三
讀者服務傳眞—（〇二）二三〇四—六八五八
郵撥—一九三四四七二四　時報文化出版公司
信箱—台北郵政七九～九九信箱
時報悅讀網—http://www.readingtimes.com.tw
電子郵件信箱—liter@readingtimes.com.tw
印刷—凌晨彩色印刷股份有限公司
初版一刷—一九九七年九月二日
初版十一刷—二〇〇九年八月二十四日
定價—新台幣二〇〇元
◎行政院新聞局局版北市業字第八〇號

ISBN 957-13-2389-6
Printed in Taiwan

國家圖書館出版品預行編目資料

我的不安 / 龍應台著. -- 初版. -- 臺北市 :
時報文化, 1997[民86]
面 ;　公分. -- (新人間叢書 ; 901)

ISBN 957-13-2389-6(平裝)

855　　86010022

請沿虛線摺下裝訂，謝謝！

新人間

新感覺・新人間・文學的新版圖

（下列資料請以數字塡在每題前之空格處）

______**您從哪裏得知本書**／

1書店 2報紙廣告 3報紙專欄 4雜誌廣告
5親友介紹 6DM廣告傳單 7其它／______

______**您希望我們爲您出版哪一類的作品**／

1長篇小說 2中、短篇小說 3詩 4戲劇
5其它／______

您對本書的意見／

______**內容**／1滿意 2尚可 3應改進
______**編輯**／1滿意 2尚可 3應改進
______**封面設計**／1滿意 2尚可 3應改進
______**校對**／1滿意 2尚可 3應改進
______**翻譯**／1滿意 2尚可 3應改進
______**定價**／1偏低 2適中 3偏高

您希望我們爲您出版哪一位的作品（請註明國籍）／

1______ 2______ 3______

您的建議／

請沿虛線撕下後對折裝訂寄回，謝謝！

編號：AK 901	書名：我的不安
姓名：	性別：______ ①男 ②女
出生日期：　年　月　日	身分證字號：

______學歷：①小學　②國中　③高中　④大專　⑤研究所(含以上)

______職業：①學生　②公務(含軍警)　③家管　④服務
⑤金融　⑥製造　⑦資訊　⑧大眾傳播　⑨自由業
⑩農漁牧　⑪退休　⑫其他

地址：______縣/市______鄉鎮/區______村______里
______鄰______路(街)______段______巷______弄______號______樓
郵遞區號：______

請寄回這張服務卡(免貼郵票)，您可以——
●隨時收到最新的出版訊息。
●參加專為您設計的各項回饋優惠活動。

地址：10803台北市和平西路三段240號3樓
讀者服務專線：0800-231-705・(02)2304-7103
讀者服務傳真：(02)2304-6858
郵撥：19344724 時報文化出版公司

時報出版
CHINA TIMES PUBLISHING COMPANY

廣 告 回 信
台北郵局登記證
台北廣字第2218號

請沿虛線撕下裝訂，謝謝！